山东建筑大学建筑城规学院青年教师论丛

清水混凝土与地铁站建筑
Architectural Concrete and Subway Station Building

赵鹏飞　张同杰　郭建民　任爽爽　著

中国建筑工业出版社

前言
Foreword

地铁作为重要的公共交通设施，在缓解城市交通压力等方面发挥着重要作用，在一些大中城市乘坐地铁出行已经成为市民日常生活不可或缺的一部分。地铁站建筑作为城市轨道交通网络的重要节点，除满足交通转乘的建筑空间需求外，还扮演着传承城市文化、展现区域特征的重要角色。随着中国地铁建设的快速发展，很多城市地铁站建筑采用标准化的设计模式，导致地铁站建筑空间环境呈现出单一化与趋同性的现象。这种大规模的规则化、程式化、模式化设计已经无法满足公众对地铁站空间环境的认同与归属的需求，如何体现地铁站建筑个性特征是未来地铁站建筑设计的重点。

建筑材料是结构形式、细部构造的基础，建筑的空间环境很大程度受到建筑材料性能的影响。混凝土材料具有坚固耐用的结构性能，也具有丰富表皮质感的表现性能，在地铁站建筑中应用，既可以承受建筑的上层和侧向荷载，又可以减少空间过度装饰，保证材料的真实表现。混凝土在地铁站建筑中的应用能减少承重结构截面积，增加视线通透感，并可以依据前期方案进行协同化设计，创造出独特的结构形式，结合严谨的建造控制，呈现出诗意的空间氛围，给乘客提供健康舒适的乘车体验。本书以混凝土尤其是清水混凝土作为地铁站建筑研究的切入点，从建筑学、材料学等多角度出发进行综合探索，通过对混凝土材料在地铁站建筑中的深层次研究，梳理其建造逻辑和形态表达，总结其设计策略，使地铁站建筑在满足使用价值的基础上具有文化价值和审美价值。

全书共分6章：第1章对混凝土材料的相关概念进行了界定，通过对已有研究成果进行整理，论述了混凝土材料的特性、发展历史及其在公共建筑空间环境的应用；第2章对国内外地铁交通建设与发展进行了梳理，系统分析了地铁站建筑属性与构成以及空间环境的塑造；第3章通过对混凝土材料在地铁站建筑中应用的实际案例进行分析与对比，归纳出混凝土材料在地铁站建筑中的建构逻辑；第4章对混凝土材料在地铁站建筑中的施工工艺进行了详细阐述；第5章从材料混合、节点构造、艺术表现三个方面出发，分析混凝土材料在地铁站建筑空间环境中的形态表现，对混凝土材料的情感表现能力进行了深入挖掘；第6章结合地铁站建筑实际案例，选取国内外典型的城市地铁车站，展现混凝土材料在地铁站建筑空间环境中的具体应用。

随着混凝土材料类型的创新和性能改进，混凝土在地铁站建筑空间环境中的应用具有高度可行性和广阔发展前景。希望本书能够为广大建筑设计师和地铁工程师带来帮助，限于作者水平和知识面有限，难免有疏漏和不足之处，期待专家、学者以及同行提出宝贵意见。

目录
Contents

第 1 章 　混凝土的性能与应用

1.1　混凝土材料的特性　/ 002
1.2　混凝土的发展历史　/ 010
1.3　混凝土在建筑空间中的应用　/ 016

第 2 章 　地铁站建筑的空间环境

2.1　地铁交通建设与发展　/ 036
2.2　地铁站建筑属性与构成　/ 041
2.3　地铁站建筑空间环境的塑造　/ 056

第 3 章 　混凝土在地铁站建筑中的建构逻辑

3.1　材料应用　/ 078
3.2　结构形式　/ 094
3.3　表皮肌理　/ 099

第 4 章 　混凝土在地铁建筑中的施工工艺

4.1　浇筑方法　/ 110
4.2　模板工程　/ 116
4.3　后期养护　/ 120

第 5 章　混凝土在地铁建筑中的形态表现

5.1　材料混合　/ 126
5.2　节点构造　/ 135
5.3　艺术表现　/ 142

第 6 章　混凝土在地铁站中的应用实例

6.1　广州地铁 5 号线动物园站　/ 152
6.2　青岛地铁 13 号线灵山卫站　/ 155
6.3　深圳地铁 7 号线皇岗口岸站　/ 157
6.4　深圳地铁 11 号线南山站　/ 159
6.5　匈牙利布达佩斯 4 号线弗瓦姆广场地铁站　/ 161
6.6　加拿大多伦多 1 号线先锋村站　/ 164
6.7　挪威奥斯陆 4 号线洛伦地铁站　/ 165
6.8　英国伦敦银禧延长线金丝雀地铁站　/ 167

参考文献　/ 170

致谢　/ 177

第 1 章

混凝土的性能与应用

"有种来自自然的粉末,创造了令人惊奇的结果……当这种物质与石灰、碎石混合时,不仅可以增加建筑的强度,而且即使是建造在海上的码头,它们在水下也非常坚固"[①]。混凝土是当代最主要的土木工程材料之一,是由胶凝材料、骨料、水和外加剂按照一定比例配制,经均匀搅拌、密实成型、养护硬化而成的一种人工石材。

混凝土材料的使用有着悠久的历史,被称为三大经典建筑材料之一,特别是在现代建筑的发展过程中,随着现代混凝土技术的不断发展,它在实际应用中显现出越来越多的优越性,各种具有污染小、可大量循环利用工业副产品和废物、生产能耗少等特点的新型混凝土相继研发并投入使用,对生态环境的改善和资源的保护有着积极意义。

---

① 维特鲁威. 建筑十书 [M]. 南京:江苏凤凰科学技术出版社,2019.

1.1 混凝土材料的特性

混凝土材料凭借各种卓越的性能成为建筑行业中使用最为广泛的建材，在各种类型的建筑中，薄壳、框架、拱等往往都运用混凝土作为其主体结构形式，并由内而外地使用混凝土作为结构兼饰面的材料，满足外观和细部构造上的简明性。混凝土具有原料丰富、价格低廉、生产工艺简单的特点，因而其使用量长期呈增长态势；同时混凝土还具有抗压强度高、耐久性好、强度等级范围宽等特性。

1.1.1 混凝土的组成、分类和特点

1）混凝土的组成

混凝土是由水泥等加上骨料（碎石和沙子）和水按照一定比例混合，从而形成一种能比较容易塑造及压制的混合物。水合作用的化学工艺会降低混合物的可塑性，经过一段时间后，则开始形成类似于石头的紧凑固体。所以混凝土的基本组成是水泥、骨料和水，如果有特殊需要的话，还会加入不同类型的外加剂和添加剂[①]。

水泥： 是一种水硬性胶凝材料，与水混合时，会在空气中和水中硬化，最终形成一种防水的水化水泥。水泥的种类会大大影响成品混凝土的特性，同时水泥中混入水的比例将直接影响混凝土的强度，并且水泥中的某些碱性化合物也会防止钢筋结构锈蚀。目前，常见的水泥种类基本有硅酸盐水泥、硅酸盐复合水泥、高炉水泥、火山灰质水泥、钙铝水泥以及其他附加特殊属性的水泥等。

骨料： 是混凝土占比最大的成分，一般占到成品混凝土的70%～80%。骨料通常根据材质不同和单粒体积不同分为细骨料和粗骨料；根据密度不同也可分为轻骨料、普通骨料和重骨料。在骨料选择时，必须选择坚硬、清洁和无黏土的骨料，避免对水泥的水合作用造成影响，同时还要满足符合抗冻性和抗

---

① 金德·巴尔考斯卡斯. 混凝土构造手册 [M]. 大连：大连理工大学出版社，2006.

除冰盐腐蚀性的物理性能、限制对混凝土有害成分含量的化学性能。

水： 是生产混凝土材料过程中让各组成成分反应并结合的物质，在生产过程中应该选择干净并且化学物质成分符合要求的水质，要对水中的pH值、杂质含量、硫酸盐、氯化物离子、碳水化合物以及可溶性物质进行检测，避免出现影响混凝土强度、钢筋腐蚀度和成品表面风化等现象。

外加剂/添加剂： 是混合过程中加入的产品，可以被认为是混凝土的第四种成分。添加剂是非常细的材料，如火山灰、石灰、硅灰或粉煤灰，这些都对混凝土的性能产生一定的影响，例如硅灰能改善混凝土的气密性，提高抗压强度。外加剂是通过物理和化学反应改善混凝土的和易性，提高混凝土的抗冻性和抗除冰盐腐蚀的性能。目前并没有规则或标准规定添加剂应该具备哪些特征，所以在使用时必须通过实验，才能确定是否可用于混凝土中，添加剂并不是剂量越多越好，而是需要根据供应商提供的精确用量使用。

因为混凝土承受拉力性能较差，在实际工程应用中，需要在原材料中加入钢筋等连接类抗拉材料。通常在混凝土浇筑之前，将钢筋、钢网用铁丝进行绑扎，以提供足够的抗拉强度。在浇筑完成后，混凝土和钢材会很好地结合为一体，因其两者具有相似的热膨胀系数（温度每上升1℃，物体相应膨胀），混凝土也能提高钢材的防火性能和抗腐蚀性能。

2）混凝土的混合比例

混凝土的制作是把各原材料进行混合，然后将混合物注入提前固定好的模板中，当各物质发生一系列反应后，混合物逐渐变硬直至撤掉模板得到预设混凝土构筑物，此时可以对混凝土的表面进行抛光或进行多层涂漆。混凝土的最终成品中重量比一般是水泥占到9%～18%，水占到6%～9%，细骨料占到23%～35%，粗骨料占到35%～55%；体积比一般是水泥占到7%～15%，水占到14%～19%，空气占到2%～6%，细骨料占到22%～32%，粗骨料占到30%～48%；表面积比一般水泥占到93%～95%（图1-1）。

混凝土材料成分之间有两种反应十分重要，即骨料和水泥的反应以及水和水泥的反应。在没有其他因素影响时，这两种反应基本决定了混凝土的密度、稳定性、耐用性以及强度。水泥用量在很大程度上决定了混凝土结构的潜在特性，

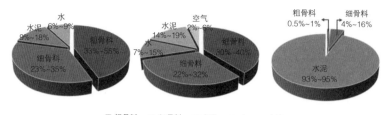

图 1-1 混凝土各组成元素配比

一定范围内水泥的用量与黏结强度、钢筋的抗腐强度以及隔热度是成正比例关系的，但水泥一般不超过总量的 30%。水的用量同样也值得注意，过量用水会降低钢筋结构的强度以及韧性，并因为收缩作用使混凝土产生裂缝，同时空隙太多也会使钢筋结构被腐蚀。

3）混凝土材料的类型

混凝土通过原材料及配比和生产方式的不同，能够满足各种不同的使用功能需求，例如较高的承载能力和良好的隔声性能需要密实度好的混凝土，选择合适的骨料能够达到预期级配以及相应的重量；而另一方面，良好的隔热性能又要求使用多孔骨料，通常采用天然骨料或专门用于混凝土中的轻质骨料，如膨胀珍珠岩、膨胀蛭石等。

目前，可以按照混凝土干密度将混凝土分为普通混凝土、轻质混凝土和重混凝土。普通混凝土是指干密度在 2000kg/m³ ~ 2600kg/m³ 之间的混凝土，此类混凝土多以砾石、粗砂、矿渣等为骨料，多应用于钢筋和预应力混凝土结构，还有基础墙和隔墙中，一般根据混凝土的生产或使用地点分为现场搅拌混凝土、预拌混凝土和现浇混凝土。轻质混凝土是指干密度在 2000kg/m³ 以下的混凝土，材料性能由轻骨料（浮石、膨胀黏土、膨胀页岩）的性能、混凝土微结构的性能（无细集料、密级配）和孔结构（加气混凝土、轻质泡沫混凝土）的体积所决定，多应用于自重较轻的钢筋和预应力混凝土结构中；轻质混凝土中的加气混凝土、轻质泡沫混凝土和无细骨料混凝土主要用在保温隔热要求很高的部位，尽管它们比普通混凝土的强度低，但是依然能够满足建筑正常的使用功能。重混凝土是指干密度超过 2600kg/m³ 的混凝土，此类多以重晶石、铁矿、钢渣等作为骨料，主要应用于包括辐射防护（如医院建筑)、核反应堆和为防止漂浮而使用的自重较大的地基板[1]。

不同的使用功能,对混凝土材料性能要求也不同。目前常用的有专门在腐蚀性环境或者需要支撑特别重负荷的高强度混凝土,具有良好隔声性能的轻质"多孔"混凝土,能够防止细菌及霉菌在其表面或内部生长和扩散的抗菌混凝土,适合建造深层地基、不需要额外施压、在其自重作用下可以流动变得密实坚固的自密实混凝土,可以在缺乏模架或支撑结构时以高速将混凝土喷射到不规则表面的喷浆混凝土等(表1-1)。

混凝土的分类　　　　　　　　　　　　　　　　表1-1

序号	划分类别标准	类别
1	根据一般性和特殊性	普通混凝土、特种混凝土、纤维增强混凝土、塑料混凝土、干硬性或无坍落度混凝土、流动混凝土
2	根据胶凝材料或添加剂	膨胀混凝土、超早强混凝土、超快硬混凝土、防水混凝土、加气混凝土、泡沫混凝土
3	根据容量	轻混凝土、重混凝土
4	根据强度	高强混凝土、超高强混凝土
5	根据流动性(稠度)	干硬性或无坍落度混凝土、流动混凝土
6	根据施工方式或用途	预填骨料混凝土、泵送混凝土、水中混凝土、喷射混凝土、预应力混凝土、海洋混凝土

1.1.2 混凝土材料的性能

混凝土是一种高度工业化材料,经过长时间的发展和改进,已研发出很多坚固耐用、富有韧性和弹性、半透明性及表面图像纹理和符合绿色可持续的混凝土类型,这些混凝土材料的性能是由力学性能、热学性能、塑性性能、耐久性能、表现性能综合体现出来的。

---

[1] 迪米切斯·考斯特.建筑设计师材料语言:混凝土[M].北京:电子工业出版社,2012.

1）力学性能

力学性能对混凝土材料的结构表现力影响重大，主要体现在抗压强度、抗拉强度、抗弯强度、疲劳强度等指标上。混凝土材料的抗压强度很高，但抗拉强度、抗弯强度较低，抗拉强度只有抗压强度的 1/10～1/20，抗弯强度也只有抗压强度的 1/5～1/10，因此在结构设计时应尽量利用混凝土的强抗压能力，通过钢筋提高抗拉和抗弯强度。混凝土承受小于静力强度的应力不会立即产生破坏形变，在经过应力长期作用后，混凝土会产生裂缝，混凝土抵抗这种疲劳破坏的强度称为疲劳强度，也是衡量混凝土力学性能的重要指标之一。

混凝土原材料中水灰比，水泥品种和用量，骨料的品种和用量以及搅拌、成型、养护等，都直接影响混凝土的强度。混凝土按标准抗压强度（以边长为 150mm 的立方体为标准试件，在标准养护条件下养护 28 天，按照标准试验方法测得的具有 95% 保证率的立方体抗压强度）划分的强度等级为 C10、C15、C20、C25 等。提高混凝土抗拉、抗压强度的比值是混凝土改性的重要方面。

2）热学性能

混凝土材料的热学性能参数包括混凝土的导热系数、导温系数、热膨胀系数等，是混凝土建筑保温节能设计的重要考虑因素。与砌块相比，混凝土导热系数大，常常在建筑外墙形成易结露的冷桥，是结构设计中应该避免的。为了提高混凝土建筑的节能效果，要采用保温层或者双层混凝土墙，其中决定混凝土热学性能的是骨料的种类和用量。

据现有研究表明孔隙率对材料的导热系数有很大影响，材料比重相等的情况下，容重越小，孔隙率越大，气相比重越大，导热系数越小[①]；导热系数随着温度的增加而增大，混凝土比热主要影响因素是骨料类型、配合比和含水量，水泥含量较大时，比热也较大，轻骨料混凝土的温度膨胀变形要小得多[②]；表层混凝土的导热系数随着含水率增大而增大，并呈线性关系变化，导热系数随着水灰比的增大而减小[③]。

---

① 宋永涛. 浮石混凝土热物理性能 [J]. 建筑材料学报，2008，11（4）：55-59.
② 孙红萍，袁迎曙，蒋建华等. 表层混凝土导热系数规律的试验研究 [J]. 混凝土，2009（5）：59-61.
③ 刘文燕，耿耀明. 混凝土表面太阳辐射吸收率试验研究 [J]. 混凝土与水泥制品，2004（4）：8-11.

3）和易性能

和易性能是混凝土拌合物最重要的性能，它综合表示拌合物的稠度、流动性、可塑性、抗分层离析泌水的性能及易抹面性等。测定和表示拌合物和易性的方法与指标很多，我国主要采用截锥坍落筒测定的坍落度（mm）及用维勃仪测定的维勃时间（s），作为稠度的主要指标。

基于混凝土具有流动性、黏着力和保水的特点，混凝土可经过原材料混合加工后，注入已提前根据建筑造型和节点构造装配好的模板中，等混凝土凝固后拆除模板，即可得到预期的结构形式和立面纹理效果。利用混凝土的和易性能，可以形成多种建构形式，为建筑结构的跨度、高度、体量都提供了更多可能性。

①流动性是指新拌混凝土在自重或机械振动作用下的性能，能产生流动，使模板均匀、密实地填充。流动性反映了混合物的稀薄程度，如果混凝土混合料太干、太厚，流动性差则不易振捣密实。如果混合料太薄，虽然流动性增强，但容易发生分层离析。

②黏着力是指新拌混凝土构件之间具有一定的黏聚力，在施工过程中不产生分层和离析的性能。黏聚力反映了混凝土混合料的均匀性，如果混凝土混合料的黏结不好，混凝土中的骨料和水泥浆容易分离，造成混凝土不均匀，振捣后会出现蜂窝和空隙，其主要影响因素是砂浆比。

③保水是指新拌混凝土在施工过程中具有一定的保水能力，不引起严重泌水的性能。保水性反映了混凝土混合料的稳定性，保水性差的混凝土易形成透水通道，影响混凝土的密实度，降低混凝土的强度和耐久性。

4）耐久性能

混凝土耐久性指的是混凝土抵抗环境介质作用并长期保持其良好的使用性能和外观完整性，从而维持混凝土结构的安全、正常使用的能力。与混凝土的耐久性能密切相关的是混凝土的抗渗性、抗冻性、抗腐蚀性等指标，在寒冷地区，特别是在水位变化的工程部位以及在饱水状态下受到频繁冻融交替时，混凝土容易损坏。水分会侵入抗渗性差的混凝土造成破坏，降低水泥浆的孔隙率能提高混凝土的抗渗性。外部冻结条件和混凝土的含气量、水灰比等都会影响混凝土的抗冻性，加气混凝土是提高混凝土抗冻性的有效方法。

腐蚀混凝土的因素有：进入混凝土空隙的空气产生对混凝土的气蚀、钢筋锈蚀破坏混凝土覆盖层后连续产生水和空气对钢筋的锈蚀、潮湿状态下混凝土导电产生电蚀等。混凝土由于所含水分改变、内部化学反应、外部温度变化会发生体积变形，主要有干缩变形、自生体积变形和温度变形三种。混凝土变形过大时即引起裂缝，造成破坏，为防止混凝土开裂常采用加入膨胀水泥和膨胀剂等方法。

在混凝土材料研发推广、项目应用和施工监测过程中，需根据要求进行混凝土材料的耐久性检测，检测项目主要包含：电通量、混凝土抗冻标号、混凝土抗冻等级、抗硫酸盐等级、快速氯离子迁移系数、早期抗裂试验、抗水渗透试验、耐磨性、护筋性、碱骨料反应等内容。在具体的施工过程中也要符合相关要求：控制骨料粒形和等级；合理使用外加剂；同等级而不同用途的混凝土，应根据用途要求设计不同的配合比；试配的试件应分为标准养护和同条件养护两种，待分别达到标准规定的龄期进行试压，以评估混凝土在同等养护条件下的强度表现；每种混凝土配合比设计均应采用多种配合比方案，反复比选；用于实验试件的混凝土配合比的原材料应与现场采用的原材料相同；通过比选，合理采用矿物添加料品种和数量等要求。

5）表现性能

混凝土的表现性能能够影响人对建筑形体和内部空间的感受。采用不同的材料和工艺方式能创造不同的混凝土表面质感、颜色、图案，模板应用能在混凝土硬化后形成或粗犷或细腻的各种纹理，通过打磨、敲凿等后期处理又能对混凝土脱模后的原始效果进行再次修饰。混凝土表面知觉性能是多种多样的，即便材料工艺相同，不同的施工条件也可能创造出意想不到的效果，这种复杂性正是混凝土的魅力所在。

混凝土具有可塑性，可以根据模板浇筑出各种形状。混凝土所含的原材料种类和配比比例不同，硬化后所呈现的外观表现也不相同。影响因素主要包括水泥种类、骨料特性、模板形式以及颜料和添加剂四类。水泥的颜色决定硬化后的混凝土的外观颜色，多与水泥的用量无关，与水泥原材料类型、研磨细度、生产方法有关；混凝土中的骨料分为粗骨料和细骨料，细颗粒骨料能够影响混凝土的外观质感；不同模板的纹理、粗糙程度、特殊图案等形式，可以创造出不同混凝土材料硬化后的外观效果；在混凝土中加入铁氧化物、铬氧化物等物质能够获得红色、黄色、绿色、蓝色等不同颜色的混凝土，并且这些颜色效果能够持久保存。

1.1.3 混凝土材料的制备

混凝土模板是为保证混凝土构件达到设计要求尺寸而采用各种板材制作的模具，常用的有木模板、钢模板、组合模板、定型模板等，一般由面板和支撑系统组成。模板也可与建筑结构中的钢筋结合共同形成钢筋混凝土，能根据工程项目的性质形成任何形状，从简单的方体到更加复杂的形态。根据构件需要的尺寸和强度，钢筋强度可强可弱。将流质混凝土混合物倒进模板中，当其变硬后再撤掉模板，这时可以对混凝土的表面进行抛光或进行多层涂漆。混凝土的质量不仅取决于制备过程，还与混凝土的运输、浇筑成型、养护等过程有着密切联系。

①**配比设计**。配比设计是实现混凝土性能的一个重要过程，也是质量保证的关键环节。制备混凝土时，首先应根据工程对和易性、强度、耐久性等性能的要求，合理选择原材料并确定其配合比例，以达到经济适用的目的。混凝土配合比的设计通常按水灰比法则的要求进行，材料用量的计算主要用假定容重法或绝对体积法。在进行原材料配比设计时，要遵循以下原则：第一要广泛收集有关信息，特别是混凝土的强度要求，它是进行配比设计最基本的依据；第二要考虑混凝土变形性能的要求，它是控制混凝土开裂的重要依据；第三要考虑混凝土的耐久性；第四要深入研究浇筑部位对混凝土的要求，同时还要考虑浇筑部位的几何尺寸，控制好混凝土的水化热参数。

②**搅拌**。搅拌是混凝土配合比设计中不可缺少的一环。根据不同施工要求和条件，混凝土可在施工现场或搅拌站集中搅拌。流动性较好的混凝土拌合物可用自落式搅拌机；流动性较小或干硬性混凝土宜用强制式搅拌机搅拌。搅拌前应按配合比要求配料，控制称量误差。投料顺序和搅拌时间对混凝土质量均有影响，应严加掌握，使各组成材料拌和均匀。

③**输送与灌筑**。混凝土拌合物可用料斗、皮带运输机或搅拌运输车输送到施工现场。其灌筑方式可用人工或借助机械。采用混凝土泵输送与灌筑混凝土

拌合物的方式效率较高，每小时可浇筑数百立方米。无论是混凝土现浇工程，还是预制构件，都必须保证灌筑后混凝土的密实性。其方法主要用振动捣实，也有的采用离心、挤压和真空作业等。掺入某些高效减水剂的流态混凝土，则可不需振捣。浇捣是混凝土浇筑中的关键环节，对多层框架混凝土的浇筑应分层施工，水平方向以伸缩缝分段，垂直方向以楼层分层，每层应先浇柱再浇梁，严格控制浇筑停歇时间和浇筑层厚度，特别要确保混凝土运输、浇筑及间隙的全部时间不应超过混凝土的初凝时间[①]。

④**养护**。养护的目的在于创造适当的温湿度条件，保证或加速混凝土的正常硬化。不同的养护方法对混凝土性能有不同影响，常用的养护方法有自然养护、蒸汽养护、干湿热养护、蒸压养护、电热养护、红外线养护和太阳能养护等。养护所经历的时间称为养护周期。为便于比较，规定测定混凝土性能的试件必须在标准条件下进行养护。我国采用的标准养护条件是：温度为 20 ± 3℃，湿度不低于 90%。

1.2 混凝土的发展历史

混凝土具有漫长的发展历史，自古代人类偶然使用石灰石以后，通过对石灰石进行特殊调配并与其他材料结合，经过不断地革新，形成了石灰砂浆这种新材料；古罗马时期，经过原材料种类和配比的不断改进，几种建筑材料混合之后的水硬性能的发现，促进这时期混凝土的发展；虽然中世纪社会忽视混凝土材料的应用，但在 18 世纪中叶人们又重新发现和研究石灰石混合后的水硬性能，并逐渐通过材料试验，进一步发展了混凝土技术；到 20 世纪，混凝土得到广泛应用，并推动了现代建筑艺术的新发展，营造出多种结构体系和新的建筑形式；自 20 世纪 90 年代以来，混凝土发展又呈现出新的特点，材料性能有了

---

① 住房和城乡建设部. 混凝土结构工程施工质量验收范围 GB50204—2015[S]. 北京：中国建筑工业出版社，2015.

更大的提升，出现了高性能混凝土、彩色混凝土、透光混凝土、生态混凝土、曲面异形混凝土等多种类型，呈现出多元化发展的态势。

1.2.1 古代时期的混凝土

根据在土耳其东部的考古发现，把石灰砂浆当作建筑材料最早可追溯到公元前1.2万年，自此以后通过对石灰石进行特殊调配并与其他材料混合，经过不断地革新，形成了一种新的材料——石灰砂浆。公元前6000年左右，在巴勒斯坦的耶利哥文化中，发现石灰被当作砂浆中的结合剂应用于黏土砖结构的建筑中。同时在公元前1200年编写的《圣经·旧约》中，多次提到石灰砂浆曾用于古埃及、特洛伊和帕加马重要的宗教建筑中。腓尼基人将圣托里尼岛上的火山岩磨碎后与石灰、沙子和水相混合能形成一种防水砂浆，用于修建耶路撒冷的蓄水池和地下水道，这些利用石灰和黏土制造的防水水泥，至今依旧保存完好。公元前7世纪开始，希腊人也开始使用烧结石灰，并与大理石碎块混合形成石灰砂浆用于建筑工程。

公元前3世纪在意大利南部出现了一种新的墙体构造方法，将石灰砂浆及毛石从顶部倒入两片石墙之间的空隙，将其夯实能形成稳固的墙体。公元前184年，古罗马农学家马尔库斯·波尔奇乌斯·加图出版的《农业志》一书中，曾描写过一种石灰砂浆，并介绍了一种将熟石灰和沙子以1∶2的比例相混合砌筑墙体的方法。这个时期罗马人继承了希腊人现场砌筑砌体的工艺，并将其运用于建筑工程，古罗马的混凝土建造了很多纪念性建筑物。公元前13年，维特鲁威编写的《建筑十书》，首次描述了水硬性砂浆，以及由水硬性砂浆和碎石混合而成的混凝土。罗马混凝土在一定条件下具有防水性能，它包含大量的粗骨料，其中最大的粒径可达70mm，具体的施工工艺是先将水硬性石灰砂浆和骨料结合，放置好后再通过机械夯具压实。公元前27年开始建造的万神庙（图1-2）是古罗马最为壮观的建筑物，圆柱形墙体直径为43.4m，上部冠以由混凝土建造的自支撑的巨大穹顶，墙体和网格穹顶的构造运用了不同密度的混凝土，此种构造设计可以使结构重量越靠近穹隆顶部而越发明显减轻。此外，在古罗马时期利用混凝土材料还建造了圣索菲亚大教堂和比萨斜塔等一批著名的建筑。

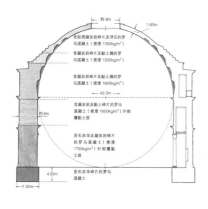

图 1-2 罗马万神庙，始建于公元前 27 年

在欧洲中世纪时期，混凝土材料并没有得到充分重视，直到 18 世纪中叶人们才重新研究水硬石灰的水硬性能以及水泥产品。1755 年英国的约翰·斯密顿首先使用水硬性水泥与骨料、水的混合物，这成为现代混凝土的开端。他在工程实践中发现了一种黏土，与水混合后形成的灰泥可以有效防水，因此他被指定重修普利茅斯附近一座远离海岸破损严重的灯塔，并称这是一种强度和耐久性最好的类似波特兰石头的东西。为了获得这种砂浆，他用等比例的当地石灰和意大利的火山灰相混合，并有史以来第一次使用了"水泥"这个词。

然而人们仍然不清楚各种材料的不同组合方式与其产品的耐久性之间的化学关系。直到 1815 年，柏林的化学家约翰·弗里德里希才说明了为什么用石灰石制造的砂浆会比贝壳体制造的砂浆更具有耐久性。为了得出这一言论，他用从历史建筑中取来的砂浆样品做实验，并确定是硅酸、铝和石灰之间的化学关系，同时辅以高温才能够产生出黏结性。1824 年英国人阿斯普丁将石灰石和黏土一起煅烧发明了波特兰水泥，即是我们今天广泛使用的硅酸盐水泥。因为其颜色类似英国波特兰岛所产的石材颜色，故命名为波特兰水泥，开创了现代混凝土的历史，阿斯普丁也被认为是现代水泥的鼻祖。

1.2.2 近代时期的混凝土

起始于 19 世纪的欧美建筑的探新运动，不断寻找新的建筑风格以应对工业发展和社会进步，到20世纪20年代所形成现代主义建筑风格，进一步推动了混凝土材料的发展。从爱因斯坦天文台到富兰克林25号公寓，再到赖特的流水别墅、柯布西耶的萨伏伊别墅都既展示了现代主义建筑风格，同时也表露出混凝土材料的优越性能，混凝土材料在各种类型的建筑中得到了广泛的应用。

19世纪下半叶混凝土夯实技术、钢筋混凝土技术不断发展，1855年，巴黎世界博览会中大量混凝土建筑被展示；20世纪初期，美国建成世界上第一座钢筋混凝土高层建筑——芝加哥保险公司大楼；1909年建筑结构大师马亚尔在苏黎世建造的"蘑菇"形柱结构极大促进了混凝土材料的发展，混凝土逐步成为主要的建筑材料。

第一批完全用混凝土建造的建筑出现在19世纪初期的英国和法国。英国的灰泥粉饰工匠威尔金森于1854年获得钢筋混凝土的发明专利，他成功地建造出了第一块由金属缆绳加固的楼板，将铁条放置在受力拱的底部中间和支撑端的顶部以达到加固效果（图1-3）。1865年他使用这种技术建造了英国纽卡斯尔的自宅，格纹楼面和预制楼梯完全是由混凝土制成。从该建筑在受损后的重修过程中可以看出，他把加固铁筋放置在楼板的受拉区，而在多跨楼板的中间支座以及端部支座处，这些铁筋则移到顶部。

19世纪70年代以撒迪厄斯为首的工程师认识到铁筋可以增强混凝土内部的结构，于是大量用铁筋增强的混凝土构件被开发出来，如带箍筋和加固板以及混凝土和玻璃板的混凝土承重结构构件。他通过实验证明铁和混凝土在加热状态下的比率膨胀或收缩几乎相同，当铁筋完全被混凝土包裹住时，这种材料具有防火性能。他还研究了混凝土和增强铁筋之间黏结效用的耐久效能，发现在混凝土中杆状铁件呈网状的布局比埋入工字梁中更加合理，这种复合材料的T形梁不仅适用于结构中的承重构件，而且具有良好的抗风雨侵蚀性能，并且维护成本低，因此也同样适用于桥梁建造（图1-4）。

1867年法国的约瑟夫·莫尼尔获得铁丝网覆盖水泥的发明专利，此发明既提高了水泥的耐久性又节约了材料和劳动力。作为一名园丁，他的创意就是将网线编织成花池的形状，然后再用水泥包住。他的思路不断改进，终于发明出一种用金属框架和水泥组合成各种不同构件的方法，他也将原理应用于铁筋增强混凝土的桥梁建造，如马亚尔的瓦兹勒拱桥，并于1877年申请了结构专用混凝土的专利（图1-5）。

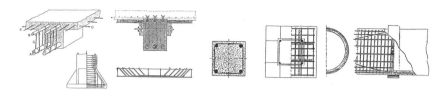

图1-3 1954年威尔金森专利铁筋钢筋混凝土板草图

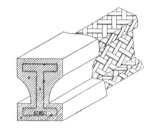

图1-4 撒迪厄斯铁筋增强混凝土专利草图

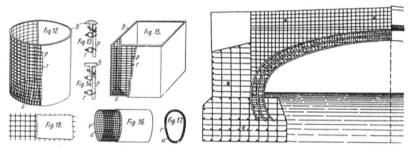

图1-5 约瑟夫·莫尼尔专利草图

法国著名的桥梁工程师尤金·弗雷西内是现代混凝土结构最早的实践者之一，也是预应力混凝土技术的主要奠基人。他在1919年发现了混凝土的收缩和徐变现象，创建了混凝土徐变、收缩理论，奠定了预应力钢筋混凝土研究基础，并在探索预应力技术的同时，完成了大量优秀的设计作品，包括混凝土拱桥、预应梁桥，以及大跨度抛物线拱壳、直纹曲面薄壳形式的空间建筑。他在20世纪30年代发明了制作预应力混凝土的机械，发挥了混凝土与钢筋共同作用的复合功能，减少了结构断面、增大了荷载能力、提高了抗裂和耐久性，使预应力混凝土应用在大跨、高耸、重载等结构中。到19世纪90年代，混凝土已被广泛应用于码头、河岸、桥梁等工程项目和一些工业建筑中。

混凝土缺乏自然的形态，很多人对混凝土材料在普通民用建筑中使用持怀疑态度，主张用所谓"道德性"的材料进行外部装饰，如石材等。彼得·柯林斯在《混凝土：新建筑的视野》中说："当维多利亚时代的人们开始认识混凝土时，并没有对其所显示出的可塑性潜力产生很大的兴趣。由于人们惧怕混凝土建筑非人性化的特点，因此这种材料在宗教建筑的历史中未能占有一席之地，除了异教徒的建筑和文字记录之外绝无先例。"

1.2.3 现代时期的混凝土

20世纪二三十年代，早期现代运动的代表作品并没有在建筑界和社会公众中获得全面的认可，建筑的外观和实体被简化成了最简单的几何形式。第二次世界大战后，各国进行战后重建，受柯布西耶等建筑师的忠于建筑材料设计思想影响，混凝土凭借其独特性能越来越多地被接受和使用。混凝土的自由性、可塑性为混凝土建筑迎来发展的高潮，同时预应力混凝土不断改进和发展，建造了一批优秀的建筑，例如：柯布西耶的朗香教堂、小沙里宁的（TWA）航站楼、伍重的悉尼歌剧院等建筑。在这期间，预应力混凝土几乎已经应用于建筑的各个领域，这种技术建造了许多大跨度建筑和桥梁工程等构筑物。

奥古斯特·佩雷是20世纪早期杰出的混凝土建筑师，他的建筑作品如富兰克林25号公寓、巴黎香榭丽舍剧院等建筑，通过暴露混凝土框架创造古典形式的立面，被后人称为"水泥诗人"。同时期的埃里希·门德尔松不断挖掘混凝土的可塑性，构造流线形体和不规则曲面。自20世纪30年代开始，工程师们积极利用钢筋混凝土进行结构创新，凸显混凝土材料的结构表现力，各种大跨度的壳体结构在这个时期快速发展，其中利克斯·坎德拉、罗伯特·麦尔雷亚特、奈尔维等建筑师一直致力于钢筋混凝土薄壳结构的研究和实践。

勒·柯布西耶是现代主义运动最激进的领导者，多运用混凝土技术创造崭新的混凝土艺术表现力，所创造的"粗野主义"改变了历史上以往的建筑美学标准。勒·柯布西耶利用混凝土表现出非几何的有机形态，充分体现混凝土材料的可塑性能。20世纪五六十年代，混凝土表面的原真性和混凝土结构的可塑性被广泛推崇，路易斯·康将混凝土的厚重与光影关系结合起来，同时注重空间功能的秩序，在质朴中体现出永恒和典雅。在这个时期，埃罗·萨里宁、约翰·伍重、丹下健三等建筑师都不断探索和尝试利用混凝土的可塑性表现出混凝土建筑的结构力度；卡洛·斯卡帕等建筑师关注混凝土材料的哲学诗意体现，将建筑细节做到极致。

现代主义时期的混凝土成为新时代建筑的代言，但技术上还有些局限。混凝土具有易开裂、风化、发霉、热工性能差等缺点，特别是20世纪五六十年代混凝土大量应用后的一段时间，人们指责混凝土的单调呆板和机械冰冷，甚至造成了70年代混凝土应用的低潮。如何提高混凝土性能，创作安全舒适美观的建筑仍是当时值得研究的课题。

1.3 混凝土在建筑空间中的应用

建筑是技术的诗性表达，建筑是物质的，而技术是产生物质存在的一种手段。作为一种工程形态，建筑本身就是一种技术的存在形式，技术是建筑中物质和精神构成得以实现的基础，也是推动建筑发展的最根本动力之一。建筑的可能性是由人类能力所达到的程度来决定的，广义而言，建筑是一种科技发展逐渐进步的结果，而非某个建筑师单独制作出的产物。随着科学技术的发展，新的结构体系在混凝土建筑中更能突出其自身性能，并赋予建筑非凡的表现力。当代混凝土材料新特性、新技术的发展突破了传统的禁锢，从环境景观到建筑、从结构到表皮、从室外到室内向人们全方位展现了混凝土丰富的艺术表现力。

1.3.1 混凝土的结构表现力

在公共建筑的类型中，混凝土首先在结构体系中出现。与其他材质的结构表现相同，当建筑结构成为建筑艺术表现主体之时，其结构表现所含的精神内涵和生命力成为建筑表现的核心部分。在细部塑造上，混凝土的可塑性使公共建筑表面能够形成整体连贯的一体化造型，为建筑形象的塑造提供了极大的发挥空间。利用混凝土的可塑性可以建造灵活曲面的建筑造型，充分发挥建筑师的想象力与创造力，创造出与传统建筑材料截然不同的建筑艺术形式。

1）艺术的情感表达

建筑材料是构筑建筑空间、形式的基础条件，材料自身的性能直接影响着建筑的艺术表现形式，混凝土所具有的性能使它在建筑空间、结构和材质等因素中起着重要作用，影响着建筑的艺术造型，也赋予了混凝土建筑不同于其他材质建筑的美学效果。建筑师利用混凝土的流动性和可塑性，通过预制装配或是现场浇筑方式，结合灵活应用的模板和高性能的添加剂将混凝土结构塑造成各种形态。

有着"混凝土诗人"之称的奈尔维，将严谨的结构逻辑语言与生动的建筑形象语言巧妙地融合在一起，其创作的建筑作品达到了内容与形式、技术与形体、技术与艺术。正如他自己所说："技术上正确性的作用对一个建筑作品的形式、效果的影响，较之在文学语法上的技术正确性的作用对一个建筑作品的形式、效果的影响要大得多。事实上，语法仅限于防止错误，而技术上的正确性即忠实于结构和结构的要求，使用材料要根据其特征等。"

奈尔维最著名的设计作品是意大利的罗马小体育宫（图1-6），这座建筑堪称是工程力学的典范和体育建筑的精品。罗马小体育宫平面呈圆形，可容纳观众5000人，体育宫的屋顶是由钢筋混凝土肋组成的穹顶，并由1600多块菱形槽板拼装而成。穹顶结构外露，人们可以看到混凝土构件之间的精确性，其极富韵律感的构图也美化了室内空间。建筑外部由36个"Y"形混凝土构件支撑着穹顶，外露构件粗壮有力，充分地展示了混凝土的结构表现力，也体现了体育建筑的力量感。"Y"形支座是罗马小体育宫结构设计的精髓所在，其特点

图1-6 罗马小体育宫

图1-7 加利福尼亚大学圣·迭戈分校图书馆

是上下端都是铰接,杆件相互交结部分为刚性连接,整个"Y"形下端共同形成一个锥形底座,互相锁住,形成一个具有三向刚度的空间结构。同时值得一提的是"Y"形支座与穹顶的连接,设计者独具匠心地将穹顶的屋檐设计成波浪形。从结构受力方面分析,加强了穹顶边缘的刚度,保证了侧向的稳定性。从建筑设计的角度看,屋顶的波形构成一条优美的曲线,波形的起伏增加了采光面积,还防止因错觉而产生的下坠感,同时与外围刚劲的"Y"形支架形成刚与柔的对比。罗马小体育宫充分展示了混凝土施工技术的高超,反映出混凝土建筑在技术上的优越性和技术与艺术的完美结合。

加利福尼亚大学圣·迭戈分校图书馆利用混凝土悬臂层层向外挑出,共建造出8层(包括地下两层)近3.6万平方米的空间(图1-7)。建筑呈中心轴对称,四面分别用四根斜向上出挑的混凝土支架托起建筑悬挑部分,悬臂梁和次梁一起承载一部分荷载。建筑的第四层面积最大,之后上面的两层开始内收,收入的尺寸和二、三层悬出的尺寸相同。建筑的角部被切成折线,解决了角部重力如何传递的问题,同时形成了丰富的空间层次。楼板略向外挑出做遮阳,建筑四面用整层高的玻璃围合。从建筑底部看,结构形式清晰可见,建筑就像一朵飘浮在空中的花朵,强烈的悬挑不仅表现出结构的力度特征,带给人视觉感官的震撼,也表现出混凝土结构的艺术感。

2)技术的力量延伸

密斯曾说:"技术远非只是一种方法。它是一个自为一体的世界。很显然,技术不仅是有用的工具,而且也是充满意义和力量的形式。它是如此充满力量,以至任何语言的形容都无能为力。技术一旦充分实现自己,就转化为建筑。"[①]

材料的发展和技术的进步是一个相辅相成的过程,也可以形成两个单独的体系来影响建筑的表达。天然混凝土在一开始出现的时候,仅仅是作为墙体的基础和墙垣空隙的填充物,之后却成就了古罗马令人惊叹的万神庙穹顶结构形式。混凝土施工技术的进步对建筑空间及造型的发展起到了重要的推动作用,继而形成了充满力量延伸感的建筑形制。

伊罗·沙里宁设计的纽约肯尼迪机场环球航空公司航空站楼体现了混凝土在建筑技术加持下的结构表现力(图1-8)。它的屋顶由四瓣拱形薄壳构成,航站楼的外形如同一只展翅欲飞的大鸟,建筑结构极不规则,而且无法进行精确的计算,结构工程师只能用模型和试验反复推敲,来寻求设计的技术依据。建筑的中央部分是总入口和中央大厅,在上扬的翼结构下面又伸展出两个弯曲的、向两边延伸的部分,建筑功能上是两个购票候机厅,在这个大楼后面又伸出两个弯曲的走廊。无论是建筑的外部造型还是内部空间,基本上没有规矩的几何形式,其非有机的形态在一定程度上依赖于混凝土工程的技术先进性。

由现代著名建筑师雅马萨奇设计的美国密苏里州圣路易斯国际机场航站楼与沙里宁的设计有异曲同工之妙(图1-9)。圣路易斯国际机场航站楼由三组钢筋混凝土交叉筒拱组合而成,拱跨度均为37m,其薄壳屋顶的壳厚在顶部为115mm,底部为200mm,筒拱交叉处形成的拱肋是结构上的重点加固部位。每个相邻交叉拱的交错组合还为后期的规划发展留下了余地,现在已从3组发展为4组,充分说明了新技术和建筑功能结合的绝妙之处,也展现出建筑技术在艺术造型、空间特性上的表现力。

位于法国斯特拉斯堡的真力时音乐厅和展览中心(图1-10),外部围合的墙体是一片压型钢板曲面幕墙,建筑的外部结构因自身的重量而下垂,形成一个整体的向内环抱的曲面;建筑内部混凝土墙体围合的空间表现出强烈的实体感,这种外部结构与内部结构的对比会给人留下深刻的印象。建筑没有基座,2.75m高的玻璃幕墙直接落地,从室内看这种感觉更加强烈,设计师致力于营造一种无序的空间,充满流动和空间中的穿插感。建筑横穿在一个大尺度的空间中,起支撑作用的圆柱被设置其上的点式灯具强调出来,顶棚的混凝土也因

---

① 肯尼思·弗兰姆普敦.建构文化研究:关于19世纪和20世纪建筑中的建造诗学[M].王骏阳,译.北京:中国建筑工业出版社,2010.

图 1-8 纽约肯尼迪机场环球航空公司航空站

图 1-9 圣路易斯国际机场航站楼

图 1-10 真力时音乐厅和展览中心

为向上照射的灯光而显得格外突出。背立面全部由暴露的混凝土构成，正是这种几何形式的纯粹应用，使得建筑体现出直接而实用的精神。

3）可塑的结构造型

英国画家亚德里安·斯托克思论述石头在光阴流逝和人类触摸中发生的变化时指出："手的触摸痕迹是雕塑最为主动的表白，人们总是顺着物体的形状

图 1-11 马赛公寓

触摸该物体,完美的雕塑需要人们通过手的抚摸与之交流脉搏的节奏和身体的温暖,揭示和强化被眼睛忽略的细微之处。"[①]

柯布西耶认为混凝土这种最可信的材料,可能比青铜更加令人信服,因为其在建筑艺术中可以清楚地表达出雕塑感的意图。他"粗犷"风格时期的建筑作品,往往使用现成或工地可以找到的原始且简朴的材料,例如粗石、砖块、粗混凝土等,并将这些材料单独使用或相互混用,营造出一种极为质朴的诗意,同时由清水混凝土具有的独特雕塑感延续了欧洲人对厚重材质的钟情。柯布西耶在马赛公寓(图1-11)建造中,无论整体形态的塑造还是局部架空底层的柱腿,建筑都如同机器的雕塑一般矗立在地面之上,显示出柯布西耶所希望的现代主义建筑的力量。

西班牙建筑师卡拉特拉瓦的清水混凝土建筑表现出强烈的雕塑感,他在坦纳利佛音乐厅(图1-12)中运用清水混凝土的可塑性设计出了这个夸张的建筑,强烈的视觉效果,巨大的弯曲的结构元素横跨表演空间,独特的悬挂翼,使音乐厅富有艺术感和雕塑美,突出了其作为表演场所的美感,200t 白色清水混凝土浇筑的建筑显得十分简洁。

位于加利福尼亚州圣安娜的世纪中学(图1-13),是设计师拉尔夫·艾伦的作品。走进这所学校,首先映入眼帘的是曲线形的混凝土立面,用艾伦自己

[①] 肯尼恩·弗兰姆普敦. 建构文化研究:关于19世纪和20世纪建筑中的建造诗学[M]. 王骏阳,译. 北京:中国建筑工业出版社,2010.

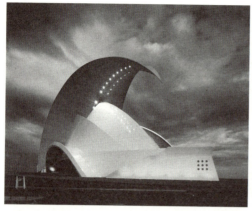

图 1-12 坦纳利佛音乐厅

图 1-13 加利福尼亚州圣安娜的世纪中学

的话来说就"像一个精灵在飘动"。这座建筑由流动的元素组成,超出了普通几何图形的定义,让这所学校的建筑风格浑然一体,每一部分都体现出各自的特有品位。学校内的所有建筑几乎都保持着混凝土拆模后的原始状态,这种处理使墙体与埋在地下的结构部分形成坚固的隔离层,让教室内部形成舒适的热环境,这种节能设计使学校和环境相协调,从而完善了其设计意图。

1.3.2 混凝土的空间表现力

材料的合理运用是为了服务空间,我们一直生活在连续不断的空间中,空间的光线特征和尺度关系都依赖于使用者对建筑材料的限定。混凝土建筑并不是由混凝土材料简单浇筑堆砌的物体,空间要素赋予了混凝土建筑灵魂,空间的点、线、面、体等元素的组合运用是混凝土建筑情感的直接表现。

1)光与影的交叠空间

当建筑师在作品中融入自己的设计理念时,混凝土这种普通、廉价的材料可以塑造出高雅、深沉且富有诗意的空间,建筑师在光线的运用上有着其独到之处。被誉为"清水混凝土诗人"的安藤忠雄在空间塑造中对光元素的运用达到炉火纯青的地步,运用散射光、直射光和反射光等各种各样的自然光线来创造出与自然空间相辅相成的空间意向。这种空间意向不仅是视觉上的空间造型塑造,也是一种独特的空间情感体验。在作为构成元素的清水混凝土墙体围合空间中,风、光、水等自然要素与空间样式一起作为空间构成表现元素,促进清水混凝土建筑的情感表达。他的混凝土建筑表现了材料的自然属性,也包含着对空间意识形态的追求和对空间设计的探索。

安藤忠雄的成名代表作光之教堂(图1-14)就是这样的杰作,耀眼的光十字是教堂的标志,建筑阴影与光线异常悬殊的面积对比突出了宗教的神圣感,使人心生敬畏,到处都是明与暗、光与影、人工与自然、现实与想象的对比,这些极端对比给人丰富的视觉体验,在狭小的空间中塑造了无限的精神世界。光之教堂位于大阪市郊的一处中产阶级住宅区内的狭小场地,它的平面为一个纯粹的矩形,由三个5.9m高的清水混凝土立方体构成,安藤着重在圣坛背后的混凝土墙面上挖了一个十字架开口,光线从缝隙中倾泻出来照亮墙面,凸显出混凝土墙体的独立性,在柔和的漫射光作用下,充分衬托出了光与影的魅力。

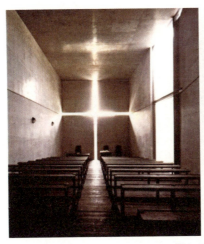

图1-14 光之教堂

图 1-15 "天使之后"天主大教堂

图 1-16 日本冈山市东方文物博物馆

在这里,光的照明效果被减弱了,更加突出的是它的象征性和对空间气氛的渲染力。混凝土在安藤手中表达出没有尊卑、众生平等的建筑情感,阳光投射在地面形成十字架图案随着光线的移动表现出纯粹的美,表达出人与自然的互补关系。混凝土建筑空间通过对光的运用显示出庄严美丽、直达人心的力量。

拉斐尔·莫尼奥设计的"天使之后"天主大教堂(图 1-15)位于美国洛杉矶市,教堂没有塔楼或是尖顶,看起来与传统的教堂形制毫无相似之处,但墙体表面斑驳的混凝土材质,唤醒了人们对当地传统建筑形式的回忆。莫尼奥用最现代的标准来看待他的建筑与过去的教会建筑之间的联系,他从朗香教堂以及土库尔教堂的光的运用手法中受益匪浅。"我明白光作为空间的主角,它的目的在于重新获得卓越的感觉并且进一步将之升华。"在"天使之后"天主大教堂中,光线经过混凝土墙面的削减,创造了一种既温暖又神秘的气氛。

日本冈山市东方文物博物馆(图 1-16)是建筑师冈田新一的作品,博物馆的主要特点是中央天井空间,建筑师为每个空间如两个天井、光墙和展览厅等创造了一种流畅理性的联系和布置,人们随着光线的指引,逐渐深入建筑内部。

建筑内部的混凝土墙体围合出的空间限定了博物馆的基本造型，展厅也像展廊一样围绕这个空间布置，成为博物馆最基本的空间构成，在这里混凝土的本质和宏大的空间可以感化人们的心灵，光的效果和混凝土的质感使建筑得到升华。

2）虚与实的对比空间

混凝土通过结构形式的并置、叠加和变形，能够使建筑产生丰富的空间变化和强烈的虚实对比。朗香教堂（图1-17）富有的优美抒情的诗调和强烈的视觉冲击力，一定程度上牺牲掉了柯布西耶的功能主义原则，混凝土墙体被建成两倍的厚度，支撑着造型独特的混凝土巨型屋顶，由于墙壁和屋顶之间的透光缝隙，顶部看起来就像悬浮的一样。屋顶呈自由曲线形，由两层钢筋混凝土薄板浇筑而成，在边缘上两层汇合并向上翻起，就像是一艘巨大的舰船，混凝土的可塑性使墙面几乎是倾斜扭曲的。它的形象粗壮敦实，岩石一般稳稳屹立在

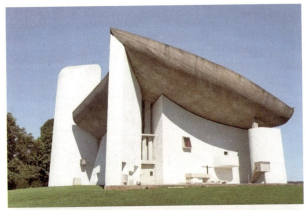

图1-17 朗香教堂

群山间的一个小山包上,像是原始社会的巨石建筑超越了时空的界限,成为柯布西耶少有的非几何形式的有机建筑形态。屋顶在混凝土墙面投射下的巨大阴影,以及墙面上大小不一、不具有实际采光意义的开口,形成虚与实的强烈对比,无不让人感到神秘莫测,充满了宗教性的含意。

柯布西耶再一次颠覆了自己,混凝土的表达和运用被提升到了精神层面。朗香教堂中一个个大小不均、上下无序的窗户,成为一个个透光的方孔,与倾斜的墙面迎合,造成特殊的宗教氛围。混凝土的运用把柯布西耶所追求的朴实粗犷又原始厚重的雕塑感体现得淋漓尽致,混凝土墙体很好地模拟了岩石在大自然中经过日晒雨淋所展现出来的朴实质感,教堂所展现的神圣氛围和宗教神秘感至今吸引无数人前来参观。

伊东丰雄的多摩艺术大学图书馆(图1-18)位于东京郊区一个公园的后面,所在地形微微倾斜。建筑师利用钢筋混凝土拱结构为使用者提供了一个大型的

图1-18 多摩艺术大学图书馆

公共开放空间。这些随机排布、大小不一的拱形成独特的大空间，人们仿佛走在童话里的大森林里，同时还能欣赏到拱形窗外的美景。相互交汇的钢筋混凝土拱底部纤细，顶部扩张支撑起楼板，最大跨度16m，厚度统一为200mm。这种独特的结构带有一些柔性和随机性，不同于普通的钢筋混凝土框架带给人们的刚性和理性感。建筑结构的特殊性在于混凝土里埋设了钢的构件以承受结构作用力，混凝土从某种意义上讲只是一种结构的表皮，表皮与钢结构形成了虚与实强烈对比，混凝土与钢的结合，设计出了既能表达虚实空间氛围又简单经济的结构形式。

3）自然与人工的和谐空间

在混凝土建筑中引入自然的水和光等要素，可以弱化其自身的冰冷厚重感，实现亲切的人文关怀，与自然融为一体营造出温馨和谐的空间。建筑并不是一个简单的结构形式，也不仅是单纯的空间营造，应作为一种对场地的紧密而灵活的控制，同时又与环境有着密切的联系。混凝土建筑可以直接利用结构建构，以材料本身作为"饰面"而不加任何装饰，表现纯粹美学中的自然属性。

三方町绳文博物馆（图1-19）坐落于日本福井县，主要展示的是从绳文时代的墓葬中发掘出来的文物。横内敏人事务所以"万物有灵论"和"森林"为主要构思点，这与绳文时代的世界观相符合，平缓升起的草地和巨大的圆柱是"万物有灵论"的一种表现。大量出土的木质文物表明，树木在绳文时代非常重要，所以建筑师采用了雪松作为混凝土模板，室内装饰和家具也用雪松代替，表现了建筑与森林的关系。同时，暴露的混凝土也是"万物有灵论"的一种体现，代表着原始时期的巨树。

姬路文学馆（图1-20）位于日本兵库县姬路市的中心，是为了纪念和迁哲郎而建，展览空间主要用于陈列这位姬路市出身的哲学家的作品。1996年文学馆建成，南北两馆以层层水道、斜坡相连。安藤忠雄将建筑与环境空间的关系分成三种类型，一是"自然环境引入"，水、风、光、绿意等元素几乎是整个设计的主角，自然占据着空间的每个角落；二是"内自循环空间"，在由混凝土墙体围闭的空间当中，把桥、坡道、平台、高塔、回廊定为主要结构元素，使人在其中不断循环游走，展现光与风、水与花的主题；三是"大地形态建筑"，采用低调姿态的人或攀附于原地貌当中，顺势而筑，将生硬的混凝土体块隐于

图 1-19 三方町绳文博物馆

图 1-20 姬路文学馆

大自然当中。在这里,安藤使用惯用的表现手法,行经一片树林时或花香鸟语或水声潺潺,遇到斜坡或大台阶让人增加时间游赏路径,路到尽头必有片墙,转折处直入建筑主体。

1.3.3 混凝土的材质表现力

根据混凝土的特性,建筑可创造出丰富多彩的纹理和质感,产生不同的空间氛围。同时,混凝土作为一种结构体,将构造的力度注入其中,使建筑显得粗犷有力。混凝土自身所具有的类似石材的形象给结构表现以力量和厚重感,这使得混凝土的结构表现与其他材质有所不同。很多著名建筑师对材料的饰面表现特征非常关注,通过研究材料饰面的质感表现力为人们带来了不同的空间体验,这是一种理性和感性交织的材料表达。现如今混凝土已经不只是一种普通的建筑材料,它可以通过建筑师对于材质的处理手法,表达出建筑师的独特设计理念。很多混凝土建筑在有着简洁的形式、清晰的功能和逻辑关系的同时,还注重通过材料的质感、肌理和色彩的细节来增加建筑的装饰性和表现力。

1）情感艺术的表达

混凝土材质表现出的多重特性使混凝土具有了材料语言的独特表现力。混凝土在建筑中的表达需要设计师对混凝土材料本身特性进行深入了解，这种了解指导着材料表达。同时，随着表达的深入，也会增加设计师对混凝土材料特性的理解和掌握，继而更好地展现混凝土在建筑设计中的表现力。混凝土原料的生产和施工技术的结合，使其具备了混合性、可塑性、不可逆性等其他材料所不能及的特殊性质，正是这些固有特性的存在，使建筑表现出了永恒性和纪念性的空间，使其被广泛应用于博物馆、教堂等公共建筑中。

奥斯卡·尼迈耶是巴西国宝级建筑设计大师，他的作品常常是用钢筋混凝土创作出的单纯几何体。2006年在巴西戈亚尼亚落成的奥斯卡·尼迈耶文化中心（图1-21）就是应用简单混凝土几何形体的手法表现纪念性的典型案例，整体风格仍具有宏大的纪念性。文化中心由四座鲜明的几何建筑构成：东边长方

图1-21 奥斯卡·尼迈耶文化中心

图1-22 楚赫维尔新使徒教堂

体的图书馆、北边扁圆柱形的艺术画廊、西南边三角形人权纪念碑、东南边倒扣碗形的音乐厅。场地为 1.7 万 m² 的硬质铺地，仿佛一块巨板承托着四个鲜明的几何体：图书馆和艺术画廊都是底部架空的，突出了几何形体的轻盈；螺旋的坡道通向艺术画廊，避免了巨大的规则几何形的呆板；音乐厅的大部分隐藏在底下，巨大的混凝土壳体只是音乐厅的屋顶。简洁的建筑形体为灯光设计提供了恢弘大气的思路，夜幕下，温和的灯光衬托出四个纯粹的体量，整座建筑纪念性的情感表达得到升华。

图侬建筑师事务所设计的楚赫维尔新使徒教堂（图1-22），试图营造一个指向天空的弯曲空间，用一个指数曲线形式的弯顶覆盖以达到优秀的声响效果。材料的设计理念基于地质学观点，石材的运用显得丰富多彩，弱化质感的光滑模板表面可以看到有无数小鹅卵石的水刷混凝土。混凝土曲线部分的建造过程非常简单，主要将用于铺设城市道路的可手动调节的铁质模板与木夹板组合一起使用。祭坛内墙的第二层壳体采用了自密实混凝土，祭坛后墙中央的自然图案，称为"自由装饰"，表现出混凝土凝固过程中的情感表达。这是一个混凝土生产过程的记录，也可以看作是一幅精彩的绘画作品。

2）地域风格的表现

通过特殊加工的混凝土材料表面形成的质感对简洁的立面进行装饰，避免古典符号的装饰细节，而多采用比例和谐的几何形式来达到与传统环境的协调统一，能够表达出传统和地方精神的内涵。

图 1-23 维罗纳城堡艺术博物馆

图 1-24 久慈市文化会馆

意大利建筑师卡洛·斯卡帕设计的维罗纳城堡艺术博物馆（图 1-23），利用清水混凝土来表达与原有历史建筑同样的厚重感，这种与旧有砖石材料具有相同厚重感与粗糙感的新材料被特殊处理，清水混凝土表面被抛光，几何化的形体用铁皮包边，勾勒强调其清晰的边界。由清水混凝土构成的空间要素成为重生建筑的场景，加强与地域环境、旧建筑之间必然的有机联系。清水混凝土在感官上与意大利传统的大理石非常接近，成为斯卡帕在思考新旧建筑关系时的重要材料。

由黑川纪章建筑都市设计事务所设计的久慈市文化会馆（图 1-24）位于久慈火车站东侧。清水混凝土的外墙面上装饰性地点缀着一些不规则无序布置的钛合金板，外墙表面涂有防水材料。由于钛合金板和混凝土因温度产生的伸缩性有所不同，在钛合金板内表面涂有一层树脂涂料，使其能更好地适应环境的变化。混凝土和钛合金板都通过锚板进行加固，混凝土模块之间的水平及垂直接缝处留有伸缩缝。在浇筑混凝土前预先埋置大理石、花岗石、钛合金板等材料，浇筑脱模以后，与混凝土墙体融为一体形成饰面，通过镜面反射把周围环境映射到建筑上来，可以说是一种异质材质的共生，也能柔化混凝土僵硬的表情，使混凝土更具表现力，与地域环境更好地融合在一起。外墙在阳光的照射下变成了暖灰色，使人觉得亲切自然。钛合金板反射出周围环境的一些片段，丰富了混凝土大片外墙的表现力，使其更具生机和活力，也恰如其分地在建筑与环境之间搭起一座桥梁，让建筑与地域之间产生对话。

3）文化内涵的表述

安藤忠雄曾表示："在建筑师肩负的众多责任中，最重要的便是展示文化，最大的责任是传承文化，要让大家都知道，每个国家拥有与众不同的文化。"[①] 混凝土材料比其他材料蕴含着更多的可能性，主要在于混凝土本身的混合特性，在施工中微妙的变化以及在自然要素影响下，产生的效果更是令人叹为观止。

混凝土建筑的灰色饰面，本身有着朴素典雅的特点，经常出现在日本建筑师的作品中，这也与日本的传统文化，特别是日本战国时代茶道宗师千利休所倡导的数寄屋建筑的影响有着密切联系。清水混凝土本身的灰色就是一种介于黑和白之间的暧昧色彩，与日本传统建筑的灰色调相吻合。以安藤忠雄为代表的一些日本建筑师用细致的设计手法，将混凝土塑造成日本传统建筑材料新的代表，与日本的传统生活文化不谋而合。设计师往往通过混凝土本身与外界环境进行有机地变化和关联，并在内部展现出丰富的空间和光影变化，表现出庄重安静而冷漠的空间氛围，强调出空间的感染力。

安藤忠雄的淡路梦舞台（图1-25）将许多日本传统文化的细部元素，通过混凝土的材料质感和施工工艺升华展示出来，体现出东方禅学的思想。淡路梦舞台是对日本关西阪神大地震五年后重建工作的一种具有纪念意义的精神歌颂，在建造之前，安藤忠雄对原有地形地貌进行恢复，使原有黄土地呈现出一片绿意盎然的景象。他将建筑的各个功能如眺望平台、展馆、户外剧场等布置在新生森林中，使建筑与大自然融合在一起，当人们置身其中时，很难想象这里曾经是地震受灾严重的地方。地震给了安藤忠雄更多的思考，面对无法预知的大

---

① 维特鲁威. 建筑十书 [M]. 南京：江苏凤凰科学技术出版社，2019.

自然，他想用混凝土的坚实耐久，表现出人类不屈服于自然的精神。安藤忠雄带给人们的这种感觉，不单是因为建筑形体简洁有力的几何构成，也不仅是因为对混凝土材料熟练运用和精确施工所形成的细致光滑的质感，而更多的是建筑内在的精神力量。

柳泽孝彦设计的东京新国立剧场（图1-26），是混凝土材质在建筑文化内涵上表达的典型案例。剧场的交通空间主要分为入口处的室外庭院和剧场前厅两个部分。室外庭院是一个由清水混凝土墙体、石头和水组成的庭院，庭院中混凝土墙面和石头产生的竖向重力感与横向构图的水面形成一个很微妙的关系，再加上混凝土自然的质感，构成了一个肃然沉静、富有日本传统文化底蕴的空间形象。这种半室内的空间氛围，很自然地将人们从城市的喧嚣中解放出来。在剧场前厅中，从入口到主剧场之间设有多级台阶，构成了一个富有高差变化的空间，这种台阶造成的竖向移动让人产生一种对未知的期待感。当人们沿着

图1-25 淡路梦舞台

图1-26 东京新国立剧场

台阶向上前进时，随着周围环境的变化，观众更加能从心理上进入相关的戏剧环境中。剧场大厅的内部装修延续了室外庭院的设计风格，墙面采用清水混凝土和木材构图，并设计出数座伸出式的小型舞台造型，可以配合剧情随时更换，以突出剧场演出氛围。清水混凝土作为墙面的主要材质，以一种质朴但却能展示结构力量的内在性格，将观众的视线转向了台阶式空间和伸出式小舞台。在建筑空间中混凝土墙面以肃然质朴的形象出现，作为一种沉默但却有力的存在支撑和烘托了整个剧场空间的氛围。

第 2 章

地铁站建筑的空间环境

　　地铁因高速流动、人潮汇集等属性，逐渐成为城市居民使用率较高的城市轨道交通工具。地铁站建筑作为城市轨道交通网络的重要节点，除满足人们的交通转乘的建筑空间需求之外，还扮演着传承城市文化、展现区域特征的重要角色。从 1863 年英国伦敦首条地铁建设运营之后，地铁建设为顺应时代的发展与进步做出了相应的改变。在满足基本的交通功能需求之外，乘客对地铁站建筑又提出突出区域特色、注重人的空间感知等设计要求。现阶段地铁站在建筑功能、建筑形式、空间形态等方面朝着复合化、多元化、人性化的方向而不断发生演变。

　　相比其他地面建筑空间来说，地铁站建筑因其处于地下，通常无法满足乘客对自然光线的需求，空间环境比较封闭、沉闷，容易使人产生压抑、不安的情绪。地铁站建筑中出入口空间、过渡空间、候乘空间等多种空间形态的组合，有利于构成多元化的艺术形式，能有效缓解乘客因身处地下空间所产生的压抑感。对不同地铁站建筑空间进行差异性的艺术化处理，可以加强空间节奏的变化，优化空间形态的功能，突出整体空间的艺术氛围，让乘客能够在地铁站中体验多变且具有秩序感的空间。

2.1 地铁交通建设与发展

地铁由地铁站点和沿线轨道组成,地铁站点和沿线轨道通常布置于地下,对地面交通和建筑等城市设计影响较小,在特殊地形或城市中心外围也可能布置地面或高架桥上。地铁是城市轨道交通的重要枢纽,可以解决因地上面积受限、城市密集不便于发展地面交通的问题,在城市公共交通中起到巨大的作用。又因其具有运输量大、高效快速、安全舒适等优点,故其在城市中得到了快速的建设与发展。

2.1.1 国外地铁交通建设与发展

铁路交通是一个多种结构组成的复杂系统,是轨道交通体系中最基本的形式。结合世界轨道的发展历程,国外地铁的发展可以分为初步发展期、恢复发展期、快速发展期3个阶段。

1)初步发展期(19世纪初~20世纪30年代)

19世纪是西方城市发展的上升期,很多城市面临着进一步扩张与人口快速增长的问题。如在1840~1890年间,英国伦敦的城市面积由25km^{2}扩大到100km^2,其人口以每年20%的速度增长;美国纽约在1800~1900年间,随着城市的不断发展,增长了约700多万人口。很多城市因其狭窄街道未能满足城市人群的交通需求,便开始寻求城市交通新出路,在这种背景下地铁交通应运而生。

1843年,结合被誉为"地铁之父"查尔斯·皮尔森"火车开往市中心才能解决交通拥堵的问题"的提议与承包商提出修建在地下的构想,地铁概念正式出现。1853年,英国议会批准伦敦修建首条地铁,从帕丁顿的法灵顿街至毕晓普路,全线路总长约7.6km。1890年,世界上第一条电气化地铁在英国伦敦顺利建成。随着牵引动力的改革,电气化的铁路与地铁进行了大规模的建设,实现城市各个区域快速便捷的连接,满足了城市居民出行与交通的需求。

继英国伦敦第一条地铁开通之后,俄罗斯莫斯科、法国巴黎等欧美各国纷纷效仿，城市地铁轨道交通建造在欧美各国逐步发展起来。如 1896 年，布达佩斯地铁开通；1897 年，波士顿地铁开通；1990 年，巴黎城郊地铁开通；1904 年，纽约地铁开通。

2）恢复发展期（20 世纪 40 ~ 60 年代）

1939 年，第二次世界大战爆发对城市地铁的建设影响颇大，直接导致城市地铁等工程项目被迫中止。"二战"期间，西方各国城市的地铁建设处于低迷期。"二战"结束，经济复苏、人口快速增长、交通拥挤、城市市区环境污染、土地面积缩减等问题日益突出。各国不仅开始对其战后的城市环境进行相关的修整，还提出新建地铁线路来缓解交通压力。

战后世界各国开始进行大规模的地铁建设，如 1950 年，瑞典斯德哥尔摩修建地铁，三条地铁线全长 110km，共设置 99 个站点，且地域个性独特，地铁站具有强烈的艺术气息；1955 年，意大利罗马出于世博会交通考虑，修建第一条地铁线路，全长 11km；1968 年，德国法兰克福修建架空线路，线路全长约 50.9km。

3）快速发展期（20 世纪 70 年代至今）

自 1970 年以来，世界各国城市处于地铁建设的快速发展期。城市人口密度的不断增大，对地铁运行速度与载客量提出新的运输要求，同时地铁施工、运载等技术的发展为世界各国城市地铁的建设提供了尤为重要的技术支撑。如英国伦敦对 1971 年与 1979 年建成的两条线路进行修整，进而完善伦敦市地铁交通网络；美国旧金山 1972 年地铁线路开通，共设置 34 个车站；1976 年华盛顿地铁线路开通，共设置 64 个车站；另外东京等其他城市也相继开通地铁，并开始逐步考虑地铁与周边建筑存在的关系，试图与其他交通方式进行有效连接，促进城市轨道交通多方面发展。

2.1.2 国内地铁交通建设与发展

1969 年 10 月我国首个地铁线路在北京建成并顺利通车，标志着中国开始进入地铁建设的大浪潮。与其他西方发达国家相比较，我国地铁仅有 50 余年的建设史，虽然地铁建设起步较晚，但是发展速度却令人惊叹。当前我国地铁建设如火如荼，一线城市已经建成较为完善发达的地铁交通网络，而二三线城市也致力于改善城市公共交通拥挤的问题，进行大规模地铁建设。根据我国 50 余年的地铁建设发展历程，大致分为初步发展时期、稳步发展时期、快速发展时期三个发展阶段。

1）初步发展期（20 世纪 60 ~ 90 年代）

20 世纪 60 ~ 90 年代是我国城市地铁发展的初步发展阶段。这个时期的地铁建设多以战备为主，交通为辅，多依赖国外的地铁施工技术指导。1953 年中共北京市委首次提出修建地铁的决议，并在《关于改建与扩建北京市规划草案》中指出以"战备为主，兼顾交通"为目的进行地铁修建。

1965 年 2 月，北京第一期的地铁项目正式开工，整条线路沿长安街与北京城墙南缘自西向东贯穿北京市区，连接西山的卫戍部队驻地和北京火车站，采用明挖填埋法施工，全长 23.6km，设 17 座车站和一座车辆段（古城车辆段），并于 1969 年 10 月 1 日建成通车，使得北京成为我国第一个开通地铁的城市；继北京地铁之后，天津开始修建地铁，1970 年 6 月 5 号地铁项目正式破土，并于 1984 年在新华路站、营口道站、电报大楼站、海光寺站正式通车，总线路 3.6km（目前该线路已拆除重建），成为全国第二个开通地铁的城市；1975 年 11 月，香港地铁 1 号线动工兴建，全线总长约 15.6km（其中地下 12.8km，地上 2.8km），共设置 15 个车站，包括 12 个地底车站及 3 个架空车站，有效串联香港岛中环与九龙的主要住宅及工业区，中环至观塘地铁线路于 1979 年 9 月 30 日完工，并于 10 月 1 日正式通车。

2）稳步发展期（20 世纪 90 年代 ~ 21 世纪初）

20 世纪 90 年代 ~ 21 世纪初是我国城市地铁的稳步发展阶段。在我国体制改革时期，地铁的建设目的也从战备所需过渡到缓解城市交通。随着城市快速发展与城市交通需求的不断变化，继北京、天津之后，上海、广州等城市也开始进行地铁线路的建设。截至 20 世纪末，我国（不含港澳台地区）地铁运营总长已达到 330km，地铁建设取得了阶段性重要成果。

1990 年 1 月，上海第一条地铁开始投入建设，全线总长约 21km（共设置 16 个车站），有效连接锦江乐园与上海火车站，1993 年 1 月南段线路进行试通车，并于 1995 年 4 月开始投入运营。

1990 年末,广州第一条地铁建成,并于 1997 年开通试运行,全线总长约 5.4km(共设置 16 个车站),有效连接西朗与黄沙,使广州成为我国(不含港澳台地区)第四个开通地铁的城市。1999 年 2 月开通二期工程运营(黄沙站至广州东站),于 1999 年 6 月正式运营(西塱站至广州东站)。

3)快速发展期(21 世纪之后)

21 世纪我国城市地铁建设进入快速发展阶段。经过 40 年的地铁建设,施工技术的进步以及建设经验的积累,为该时期地铁建设与发展奠定了良好的基础。

我国从 1990 年只有三座城市拥有轨道交通,到 2020 年济南、太原、呼和浩特等城市地铁建成并通车,我国拥有地铁交通的城市将突破 40 座。

(1)北京地铁

1999 年 12 月,北京地铁四期工程即 13 号线动工建设,全长 40.9km,共设置 16 个站点,并于 2003 年 1 月通车试运营。为迎接 2008 年北京奥运会,对其市区内地铁线路进行合理规划,并完成北京 4 号线、5 号线、9 号线、10 号线、奥运支线、八通线以及多条市郊线路的建设,城市线路总长约 300km,北京地铁交通网络已初步形成。截至 2019 年,北京市轨道交通路网运营线路达 23 条,总里程 699.3km,车站 405 座(包括换乘站 62 座),且在建线路 15 条。预计到 2025 年底,北京地铁将形成线网由 30 条运营,总长 1177km 的轨道交通网络。

(2)上海地铁

2000 年,上海地铁 1 号线北延段开始修建,全线总长约 12.45km,共设置 6 个车站,连接泰和路站与上海火车站;地铁 4 号线,全线总长约 22km,连接虹桥路站与上宝山路站;地铁 5 号线,全线总长约 17.2km,共设置 12 个车站,连接莘庄与天星路站。上海世博会举行之前,共计有 11 条地铁线路通车运行,总长 400 多公里的轨道交通基本网络,其中有 5 条越江通道连接浦江两岸。2018 年底,上海地铁拥有 16 条线路,线路总长约达地铁线共 705km(含磁浮线 29km),共设置 415 座(含磁浮线 2 座),超大规模的城市交通网络已经形成。截至 2021 年 12 月 30 日,上海地铁运营里程为 831km,线路总长居全国第一。

(3)天津地铁

天津市经过 35 年的地铁轨道交通的建设,2018 年,共有 6 条线路开通运营,全市轨道交通运营里程达到 220km，轨道交通网络化格局基本形成，有效提升了市民出行的便捷性。2020 年天津轨道交通运营里程达到 300km。

（4）广州地铁

2002 年，广州地铁 2 号线建成并通车；3 号线、4 号线于 2006 年通车运行；2010 年广佛线开通运行，截至 2018 年，广州地铁运营线路已达 15 条，总里程达到 478km。目前还有 12 条线路同时在建，预计到 2023 年，广州地铁运营里程将超过 800km，编织起"四面八方、四通八达"的地铁网络。

（5）深圳地铁

深圳地铁第一条线路始建于 1999 年，并于 2004 年 12 月正式开通运营，使深圳成为中国内地地区第 5 个拥有地铁系统的城市。截至 2019 年，深圳地铁已开通的运营线路共有 8 条，线路总长 303.44km，构成覆盖六个市辖行政区的城市轨道网络。在建线路共有 14 段，预计到 2035 年，深圳市轨道交通规划里程将达 1335km。

2.1.3 地铁交通建设的未来趋势

地铁以准时便捷、快速安全、承载量大等优势，成为缓解城市道路压力、减少城市污染以及改善城市市容的重要交通工具。在很多发达国家，地铁已经成为人们日常出行的主要交通工具，例如伦敦地铁承担 40% 的出行量、巴黎地铁承担 70% 的出行量、东京地铁更是承担 80% 以上的交通量。所以，我国主要城市的地铁仍然具有很大的发展空间。

地铁不仅仅具有缓解交通问题的功能，还对城市建设发展具有先导功能，能够促进城市由市中心核心位置向四周扩展，缓解城市中心压力或构建多中心城市发展模式。目前，我国的城市化率为 58.82%，地铁能够促进城市人口规模、人口分布、城市规模以及城市结构的发展。2017 年，国家发展改革委综合运输所时任副所长李连成在接受《人民日报》采访时说："地铁建设投资大，每公里造价在 7～8 亿元以上，运营还需政府长期补贴，所以建设地铁需要慎重考虑，要统筹发展。"结合目前个别城市地铁使用情况，地铁的建设需要综合考虑，多方面进行评测，既要使地铁缓解城市交通压力，增加城市各部分联系，但又要避免地铁成为城市发展的负担。

2.2 地铁站建筑属性与构成

地铁站建筑作为交通建筑类型，除满足正常的交通枢纽功能外，还应注重建筑内部的空间属性，在设计中不仅需要满足较强的功能性与安全性要求，也要考虑乘客所在空间位置的感受。地铁空间是指地铁站点为主体并对公共开放的空间，对地铁的正常使用和安全运行起至关重要的作用，地铁站点位置选择及空间的形式，都会直接影响到地铁的社会效益、环境效益、经济效益，因此探讨地铁属性大致可从功能属性与空间属性两个方面着手分析。

2.2.1 地铁车站基本属性与功能组成

1）地铁公共交通的基本属性

地铁是由地铁站点和行车区域组成，其中地铁站点是地铁系统的重要组成部分，不仅可以提供乘客上下车服务，还具有购物、聚会和城市景观等功能。地铁站建筑的功能属性与大部分的公共建筑具有明显的不同之处，大致可总结出六个独特属性。

（1）城市系统中的交换属性

城市轨道交通是都市系统中的"交换元素"，是都市流动模式的一种具体表现。地铁能够使不同地域点的交换互通，串联起城市人群生活、工作和休闲空间，使得他们实现各种身份的自由转换。因此，地铁站建筑空间成为都市系统中的重要交换空间。

（2）活动过渡的中介属性

地铁作为一种交通运输工具，可以有效连接不同地点区域，是一个空间压缩的"介面"。城市人群的出行活动需要借助轨道交通，因地铁具有干净舒适、高效快捷的特点，地铁站建筑作为重要的轨道交通设施实现了人群活动起点与终点的重要过渡。

(3) 高速变化的流动属性

城市里移动速度的改变，也造成了人们对空间体验以及与城市关系的改变。地铁乘客的视觉焦点因为熟睹而游离、焦躁，不容易集中注意力。于是高速流动造成了人与人、人与物、人与空间互动的降低，城市旅程因此越来越单调、抽象。

(4) 专用路权的排他属性

地铁运输造成旅程单调的抽象原因，不仅因为流动的高速化，更因为路权的专用性，即地铁行驶在隔离式专用路轨上。这一属性隔绝了乘客在旅途中以视觉参与活动的机会，因此造成了一种独特的、目的纯粹的、排他性强烈的疏离感。

(5) 人潮汇集属性

地铁作为城市交通运输的重要方式之一，承载着城市人群出行的重要角色。地铁因其运载量大、方便快捷的特点成为大众使用频率较高的交通方式。地铁站建筑作为城市公共空间是一种可以吸引大量人流的"大众空间"，也是一种为不同人群服务的"普遍空间"。

(6) 塑造城市形象的"地标"属性

地铁是一个城市文明的窗口，通过地铁建筑可以反映其科技水平和美学标准。地铁建筑并非孤立存在，它扎根于城市之中，作为城市文化的传递者、城市人流的运输者、城市形象的塑造者而存在，其地面建筑的外观形象直接影响到城市形象。城市或区域特色反映到地铁站建筑上，同时地铁站建筑融入周边的建筑环境中，可以打造出城市的新风景、新地标。

2) 地铁车站的分类

地铁车站根据空间位置、运营性质、结构横断面形式、换乘方式等可以进行以下分类。

(1) 按照与地面的相对位置分类

① 地下车站

是指结构位于地下的车站。因车站设置在地下，可以有效节约城市用地，但建筑施工较为复杂，工程造价较高。站内空间较为封闭，噪声和湿度较大，需要通过机械通风、人工照明等方式满足站内正常的通风采光需求。

② 高架车站

是指月台等设施设于高架构造物之上、离地面有一定高空落差距离的铁路车站。与地下车站相比较，建筑施工较为简单，工程造价较低。另外高架站因位于高架桥上，建设占地面积相对较少，但行车造成的噪声干扰较大。

③地面车站

是指结构位于地面的车站。与地下车站、高架车站相比较，地面车站工程量较小，布局较为灵活，可以通过建筑自身结构保证正常的采光、通风需求，节省能源与造价。

（2）按照运营性质分类

①中间站

中间站是轨道交通线路中最常见的一种车站，仅供乘客上下车使用，功能单一，尤其是在轨道交通路网建设初期，线路交叉点数目不多的时候。中间站的主要任务是办理列车的到发、会让和越行，以及客货运业务。

②枢纽站

在城市居民大量集散地，常有几条公交线路经过，上下车和换车的乘客多，各条线路的站点比较集中，这种站点称为枢纽站。枢纽站的布置应注意旅客、行人和车辆的安全，尽可能使换车乘客不穿越行车道且步行距离最短。

③换乘站

换乘站是两条或两条以上的地铁线路交点的车站，可以为乘客提供换乘线路的服务。在此过程中，乘客无需另行购买车票，可直接进行跨线乘坐列车，通常车费则按总乘坐里程计算。

④联运站

联运站是指车站内设置两种不同性质的列车线路进行联运及客运换乘，如与汽车站、高铁站等进行联通。一般在线路上每隔几个中间站便会设联运站，具有中间站及换乘站的双重功能。

⑤终点站

终点站又称起始站，通常设置在城市公共交通线路的两端，其站点设有可供列车检修与折返的设备。

（3）按照结构横断面形式分类

根据车站埋深、地质条件、水文条件、施工技术等因素确定其车站结构横断面形式，另外还需要考虑车站结构的合理性以及经济性。按照结构横断面形式可分为以下三种类型（图2-1）。

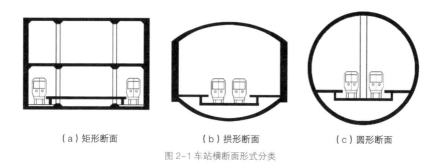

（a）矩形断面　　　　（b）拱形断面　　　　（c）圆形断面

图2-1 车站横断面形式分类

①矩形断面

是较为普遍的车站结构断面形式，通常可单层、双层、多层设置，可选用单跨、双跨及多跨的形式，适用于浅埋深的地铁车站。

②拱形断面

一般可采用单跨、多跨连拱等形式。采用单跨的拱形断面形式，中间无需立柱支撑，使得建筑内部空间高大宽敞，且容易做出艺术性的建筑造型，适用于深埋深的地铁车站。

③圆形断面

一般适用于深埋深以及盾构法施工的地铁车站。

（4）按照换乘方式分类

两条地铁线路通常会出现交织的现象，其形式主要有垂直交叉、斜叉等交织形式。通常在此交织过程中，地铁车站按照其换乘方式有以下四种分类。

①平行换乘

是指两个车站站台可通过天桥或者连廊的形式连接两条平行站台或者通过楼电梯实现垂直相通的上下折叠布置。这种方式可以通过不止一个换乘通道进行上下换乘，从而可以承担较大的客流量。但因其构造形式占用空间较大等因素，在市区内建造较少（图2-2a）。

②通道换乘

是指两个主体结构完全独立的车站，通过连接站厅的通道进行换乘。这种换乘方式对两个车站的位置关系要求不高，且布置较为灵活，但线路较长、换乘时间较多，且工程造价较高（图2-2b）。

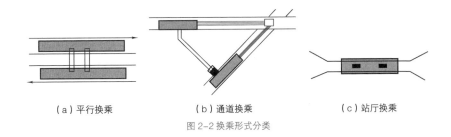

(a）平行换乘　　　　（b）通道换乘　　　　（c）站厅换乘

图 2-2 换乘形式分类

③站厅换乘

一般指的是乘客如需换乘，必须上或下至站厅再下或上至站台，增加高程损失，主要原因可能是由于一些建设因素。特点是很多轨道站台都使用一个站厅（图 2-3c）。

④垂直换乘

一般两条线路垂直交叉产生的车站换乘方式都会采用这种形式。通常根据两个车站的交叉位置又分为"T"形站台换乘、"十"形站台换乘、"L"形站厅换乘三种方式（表 2-1）。

垂直换乘形式分类 表 2-1

垂直换乘分类	平面图示	交叉位置	换乘位置	优缺点
"T"形		一个车站的端部与另一个车站的中部相连接	站台	路线较短、换乘高度较大
"十"形		两个车站的整部互相立交	站台	路线较短、换乘高度较大
"L"形		两个车站的端部相互连接	站厅	路线较长、换乘高度较大、换乘时间较长

3）地铁车站的功能组成

地铁站点功能复杂、涉及设备及辅助设施较多，专业性强，按运营要求可以将地铁车站划分为乘客使用部分、运营管理部分、技术用房部分以及生活辅助部分 4 个部分，各部分之间既独立又有一定的内在联系（表 2-2）。

地铁车站功能组成及设施部分　　　　　表 2-2

序号	功能组成	主要设施部分
1	乘客使用部分	出入口、站厅、站台、楼电梯、卫生间
2	运营管理部分	站长室、办公室、值班室、广播室
3	技术用房部分	通风、给水排水、空调、电梯等设备用房
4	生活辅助部分	储藏室、休息室、工具室、更衣室、卫生间

（1）乘客使用部分

乘客使用部分是为乘客提供服务的场所，是地铁车站重要的组成部分，约占地铁站点总面积的 50% 左右，乘客使用空间是直接为乘客服务的场所，主要包括站厅、站台、出入口、通道、售票处、检票口、问讯处、楼梯及自动扶梯、卫生间等。

（2）运营管理部分

运营管理部分是为保证车站正常运行而设置的相关办公用房，主要包括站长室、办公室、值班室、广播室等房间，为方便办公人员对整体车站的控制与管理，通常设置在站厅层。

（3）技术用房部分

技术用房部分是排除正常运行障碍、为乘客提供优质服务、营造车内良好环境的重要技术设备用房部分，主要包括用电、通风、照明、给水排水、空调、电梯等设备用房。

（4）生活辅助部分

生活辅助部分是为满足车站内部工作人员基本工作与生活需求而设置的房间，主要包括茶水间、储藏室、休息室、工具室、更衣室、卫生间。

2.2.2 地铁车站空间构成与形态布局

地铁车站建筑由车站主体（站台、站厅、设备用房、辅助用房），出入口及通道，地面附属建筑物三部分组成，主要建筑空间包括地铁站房、站厅层、站台层及人行通道、地面出入口、风道、地面风亭等使用空间组成。

通常所研究的地铁空间是指仅对工作人员开放、供列车行驶、与地铁相连的商圈等独立附属物等空间，主要是指与乘客发生活动关系的乘客使用空间，根据所处位置和使用功能的不同，划分为以站房为主体建筑的入口空间，以站厅、楼扶梯通道为主的过渡空间，候车、乘车的站台空间。

1）站房——出入口空间

出入口空间是地下通道进出地下车站的重要组成部分，不同的划分方式可划分为不同类型。地铁出入口具有尺度小、人流量大、空间较小等特征，其主要作用是将乘客由城市道路或地面建筑引导到地铁建筑空间中，具有易识别和使用方便的要求。地铁出入口建筑是指供地铁使用者出入的独立式建筑设施，包括下沉式与合建式的出入口。

（1）按照地铁出入口的口部规划形式分类

按照地铁出入口的口部规划形式，可分为独立式、下沉式与合建式三类。

①独立式出入口

独立式地铁出入口是指单独建造、不与任何建筑或设施相结合的出入口。独立式地铁出入口与道路红线内的绿化带、道路红线外的建筑环境相结合，独立布置在道路人行道上。因其独立设置在城市道路地面之上，具有城市景观的属性，其建筑尺度、形式的设计应考虑与周边环境相协调，另外其出入口位置与方向则通过城市人流与周边环境确定，如济南 R3 线奥体中心站（图 2-3a）。

②下沉式出入口

下沉广场的地铁出入口是指地铁通过下沉广场到达室外的出入口形式。其入口形式使得乘客进出地铁站时形成地面到地下车站过程中的空间过渡，一般应用于对景观和视线要求极其严格且场地面积较大的区域，如西安 2 号线钟楼站（图 2-3b）。

（a）济南 R3 线奥体中心站

（b）西安 2 号线钟楼站　　　　　　（c）西安 4 号线李家村站

图 2-3 地铁出入口形式分类实例

③合建式出入口

合建式地铁出入口是指与城市建筑合建的地铁出入口，可以与办公楼、商业综合体、地下通道等相结合。合建式的出入口在规划时应当考虑好建筑与出入口口部的平面设计与竖向设计，与周边建筑有机结合，使建筑形式协调统一，如西安 4 号线李家村站（图 2-3c）。

（2）按照地铁出入口的口部修建形式分类

按照城市轨道交通出入口的口部修建形式，将其分为全封闭出入口、半开敞式出入口、开敞式出入口三种类型。

①全封闭出入口

全封闭出入口是指口部设有顶盖且周围有封闭墙体的出入口。其造型的通透性较差，对视线有一定阻隔，同时也会对城市景观和周围环境造成一定影响，一般多适用于寒冷、严寒地区。

②半开敞式出入口

半开敞式出入口是指口部设有顶盖，周围无封闭墙体的出入口。其入口造

图 2-4 济南 R3 线龙奥大厦地铁站

图 2-5 济南 R3 线孟家庄地铁站

型设计简单、明快、大方，具有很高的识别性与通透性，能够利用结构与材料技术，充分表达交通建筑的独特性，一般多适用于气候炎热、雨量较多的地区，如济南 R3 线龙奥大厦地铁站出入口（图 2-4）。

③开敞式出入口

开敞式出入口是指口部不设顶盖及围护墙体的出入口。其出入口建筑体量小、可识别性低，工程造价较低，因其敞开式出入口，对其出入口的排水、防滑、耐久性等方面提出较高的设计要求，一般结合周边广场或城市景观建造，如济南 R3 线孟家庄地铁站出入口（图 2-5）。

（3）按照地铁出入口的平面布置形式分类

考虑到站厅与室外空间直接相连会出现较多的热量损耗，加大空调系统制冷制热的压力,所以通常由通道连接地铁站外部空间与站厅空间。一般为保证人流疏散的安全要求,每个车站的出入口数量不少于两个。地面部分、垂直交通(楼电梯)、水平通道组成,其出入口的平面布置大致可以分为"一""U""L""T""J""Y"六种类型(图2-6)。

2)站厅——过渡空间

过渡空间是地铁站连接地上、地下及各站台的重要通道,具有很强的交通性,是乘客必经的空间场所,具有独立的空间形态及功能。地铁站建筑站厅层站厅作为入口空间与候乘空间的重要节点,承担着两者的连接与过渡作用,其站厅层一般划分为公共区(分非付费区和付费区)、设备及管理用房区两部分,其中非付费区是以进出站的检票机作为分界线,检票机以外为非付费区,以内区域为付费区,站厅通常有以下四种建筑布局形式(图2-7):

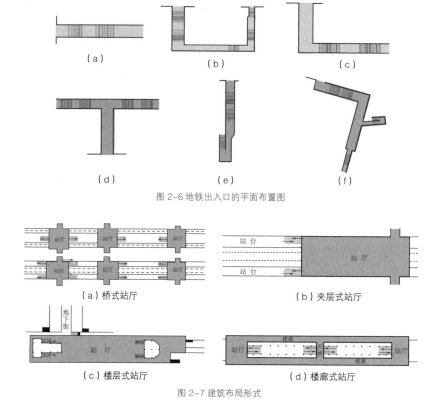

图2-6 地铁出入口的平面布置图

(a)桥式站厅　　(b)夹层式站厅
(c)楼层式站厅　　(d)楼廊式站厅

图2-7 建筑布局形式

（1）桥式站厅

是像桥一样跨越地铁站台层上空，通常站厅的位置位于地铁站台的顶部接触部位，在站台位置的中间或者两端各设一个，它联系着站台和地面的出入口。这种布局形式分流路程较短，多适用于人流较小的站点。

（2）夹层式站厅

是指在站台整体空间中设置局部夹层，这种空间形式通常会使站厅面积受到限制，但它的视觉导向性强，方便行人判断乘车方向，并且较具艺术感，具有共享空间的特色。

（3）楼层式站厅

是指不与其他空间进行联系和融合，直接将站厅空间和站台空间用楼板完全隔开，通过竖向交通联系。在站厅设置转换空间同地面街、建筑底层、地下商业街等地下空间相连接，有效引导人群进入其他使用空间，布局较为灵活、空间较大。

（4）楼廊式站厅

是在站台上方沿四周布置成连廊的空间形式，并在通过2~3个廊桥连接，通过廊桥下楼梯进入站台。这种布局形式可有效缓解乘车高峰期的人流压力。

3）站台——候乘空间

地铁的站台层是乘客上下车的候乘与换乘空间，是供乘客出发或离开站点的区域，对地铁的运载能力有着直接的制约作用，同时满足空间尺度合理、能安全疏散人流的要求。其中根据地下标高大小的不同，可以细分为浅埋站点、深埋站点；根据运营性质不同分为中间站点、换乘站点、综合站点和终点站点，其中换乘站点又根据换乘方式划分为平行换乘、"T"形站台换乘、"十"字形换乘、"L"形换乘和通道换乘；根据站点断面结构的不同分为矩形断面、拱形断面和圆形断面；地铁站台按照线路分布情况，可分为岛式站台、侧式站台以及混合式站台三种类型（图2-8）。

（1）岛式站台

岛式站台是最常用的一种站台形式，是指站台位于两条线路之间和轨行区的两边。这种站台形式的面积利用率较高，客流量调整较为灵活、乘客使用方便，但容易产生客流交叉混乱的情况，一般应用于客流量较大的车站。

(a) 岛式站台　　　(b) 侧式站台（平行相对式、平行错开式）　　　(c) 混合式站台

图 2-8 站台三种类型

（2）侧式站台

地铁中的侧式站台是指站台位于轨行区的外侧，乘客可以在车辆轨道两边等车候车。因其不存在过渡空间，使得整个室内空间比较分散，一般适用于规模小、客流量不大、客流方向较为单一的车站。

（3）混合式站台

混合式站台是指将岛式站台与侧式站台相结合的一种站台形式，具有方便乘客同时在两侧上下车、缩短列车停靠时间等优势，一般适用于多条地铁线路换乘车站。总体来说，不同形式的站台布局形式在室内空间设计上有不同的设计原则，在客流组织设计上，相比之下侧式站台因空间形式比较简洁明确，在站厅层就可以对乘客进行不同方向的分流，客流路线清晰，而且中间有列车隔断，两个不同方向的客流互不干扰，使空间客流导向比较明确，同时加强了地铁换乘空间的运输客流的效率。

2.2.3 地铁车站空间特征与环境互动

1）车站空间环境特征

地面建筑造型多样、形态丰富、色彩多变，整体设计能够充分结合阳光、空气、绿植、水等自然元素，与周边环境相互协调，容易使人对所在位置有明确定位与空间感知。但是地下车站空间处于地下人工建造的封闭空间，缺乏自然光照、通风、绿化等元素，很难形成空间上的视觉延续，从而整体的建筑场所感较弱，不容易使人形成清晰的空间认知，通常存在采光通风、防水、疏散、心理感受、空间认知等诸多问题。

（1）采光问题

车站建筑处于地下，与地面相隔绝不容易获取自然光线，站内照明主要依靠人工照明。一般来说通过自然光线的强弱变化可以让人感知日夜更替，同时与单一的灯光照明方式相比，均匀的自然光线可以减弱视觉的刺激与疲劳，给人以温暖舒适的感受。

（2）通风问题

封闭、隔绝的车站使得空间环境缺少自然通风的条件，站内所需的新鲜空气基本依靠机械通风、新风系统输送。另外通风设备产生一定的噪声也是地下车站需要解决的问题。

（3）防水问题

地下车站的埋深程度与地下水位线息息相关，若水位线高于车站空间，则空间内部会出现渗水漏水的现象，同时由于站内缺乏阳光，水蒸气很难蒸发，因此站内装修设计时要采用较好的防水技术与建筑材料，以满足较高的防水要求。

（4）疏散问题

地下空间的封闭性较强，当发生火灾等紧急情况时，其楼梯、通道空间的狭窄性以及封闭空间较差的可视性会影响乘客的疏散逃生。因此地下车站设计时要注重乘客及相关人员的紧急疏散问题。

（5）心理感受问题

地下车站空间受地理环境、建筑技术等因素的影响，其空间形态、色彩、形式较为单一，环境较为枯燥，容易使人产生视觉疲劳。同时地下车站空间的潮湿、封闭性较强等特征，又容易使身处空间的乘客产生不安、压抑、紧张的不良情绪。因此地铁站空间环境的设计应将乘客的心理感受纳入其考虑的范畴之内。

（6）空间认知问题

地下车站空间较为围合，乘客无法通过标志性的建筑或景观等参照物来准确定位，只能借助空间逻辑能力感知地下空间。因此地铁站空间环境的设计中应增加标识性的参照物，以便增加乘客的空间感知。

2）车站空间环境与人的关系

（1）心理状态分析

乘客作为地铁车站的服务对象，对地铁车站内部空间环境的设计具有指导意义，因此关注其心理与行为是车站空间设计的重点。地铁因深埋在地下，缺乏与地面的联系，无法通过外部自然环境确定空间方位，地铁车站内部环境成为乘客空间认知的重要依据，可通过地面、墙面、顶面、柱面、标识、公共艺术装饰等加深乘客对内部空间的印象，增加车站内部的空间感知。另外由于地铁车站的规模和建筑层高方面有一定的限制，空间相对来说比较狭窄拥挤，给人造成心理上的封闭感和压抑感，对于打造舒适的地铁空间设计提出了新的要求。

（2）行为模式分析

从行为心理学角度来看，乘客进入地铁空间乘坐地铁，首先会对其站点信息进行搜索，并根据自己的行为目标选择合适的路径，最后进行一系列的行为模式。地铁作为城市重要轨道交通设施，乘客在其公共交通空间中主要进行进站、出站、换乘三种行为模式，且不同类型的乘客其行为模式存在一定的差异性（表2-3）。选择进站模式的乘客，行为目标是到达地铁车厢，仅需获取车站方向等信息，其行为较为单一；选择出站模式的乘客，行为目标是离开站点到达地面，在过程中需要了解车站与地面的相关信息，选择合适的出口及道路，行为较复杂；选择换乘模式的乘客，行为目标是到达换乘的地铁线路车厢，需要对地铁线路有所认知，确定其换乘路线。

三种基本行为模式的差异性 表2-3

行为模式	行为目标	行为过程
进站模式	到达地铁车厢	进站口—站厅—站台
出站模式	到达出站口	站台—站厅—出站口
换乘模式	到达所换乘的地铁车厢	站台—通道—站台

在地铁车站空间中，乘客的心理会出现变化，行为也并非完全按照一定模式进行，如乘客在楼梯、通道等形态单一的空间中，会选择快速通过，进入站厅空间时，需要寻找站台、安检、买票等一系列的活动，心理较为紧张急促，到达站台空间候车时，心理相对比较放松。因此，乘客在通道、站厅、站台空间的心理与行为的变化与需求是地铁站内部空间环境设计的依据。

3）车站空间环境与城市的关系

地铁作为城市交通重要交通动脉，其车站站点是城市的重要交通节点，地铁出入口空间是城市与地铁站的重要衔接点。

(1) 与城市形象的关系

城市形象设计是指对城市的形象特色、整体风格和精神面貌的提升。城市形象对城市凝聚力的提高、城市文化的延续和城市社会与经济的可持续发展具有重要的意义。城市悠久的历史文化与城市的整体精神风貌可以塑造城市特色形象,城市形象的表现载体比较多样,地铁站建筑作为城市形象的重要表现形式之一,车站公共空间环境的特色设计对城市形象提升有极大的促进作用。借助地铁流动传媒的特性,将城市人文、自然情景等融入地铁环境的整体规划设计中,可以加深人们对城市的印象、直观反映城市特色形象,宣传城市地域文化,如在地铁进出口、地铁走廊通道、车厢内部、标识系统等方面进行设计,反映城市理念和文化精神。

(2) 与城市周边环境的关系

任何建筑都处在一定的环境脉络之中,成功的设计表现为与周边环境和文脉的相互认同、吸收和整合,是一个互动的双向作用。地铁车站并非独立空间,尤其是地铁出入口空间是地下车站空间与城市空间的重要连接点,其与地下街区、商业综合体等相结合,地铁车站空间正在向多元化的方向发展。另外地铁车站出入口作为地下车站与地面的连接点,其与周围建筑、绿化、街道等周边环境相统一是设计的重点。作为地铁站建筑的一部分,车站出入口必须可以清晰识别并且应当反映周围环境的建筑特征,整体地把握建筑和环境之间的关系。因此,地铁车站的出入口设置,应处理好与人行道、城市道路、街道和绿地的关系,造型需与周边建筑风格相统一协调。

(3) 与城市其他交通网络的关系

城市的交通运输网络系统具有多层次、多样化的特征,它是以火车站、汽车站、机场、地铁站等为交通枢纽,通过铁路网络、汽车网络、轮渡网络等线路错综复杂形成的交通联系网络。在这种交通网络中,乘客从初始地到目标地往往需要进行多种交通方式的换乘,地铁作为重要的交通设施,与其他交通网络系统的换乘与衔接是地铁空间设计的重要环节。城市地铁网络与自驾车、公共汽车换乘得较为普遍,为满足这一特点,很多城市在进行地铁建设时,已经考虑到地铁与整个城市交通的关系,并开始在附近建设大型停车场,并将地铁站与公交站进行一体化设计,力求实现无缝衔接,为实现乘客地铁站、公交站零换乘提供了可能性。

2.3 地铁站建筑空间环境的塑造

地铁站建筑空间环境主要是指地铁出入口空间、交通过渡空间（楼扶梯、电梯以及通道空间）、站厅站台空间。其中地铁出入口空间是地面空间与地下站内空间的重要连接，在通过建筑外观造型、特色标识等传达地铁信息的同时，需要考虑与周围建筑的整体风格相协调统一。与其他建筑空间相比，交通过渡空间、站厅站台空间等站内建筑空间则是一个无需考虑周边环境的实体空间。地铁站建筑空间环境的塑造除需要充分考虑出入口空间的建筑周边环境因素之外，还应通过空间体验、空间氛围、空间形态三个方面塑造适宜、舒适的地铁站内建筑空间，因此，在对地铁站内的建筑空间环境塑造时，可以从秩序感的空间体验、情景化的场所氛围、地域性的造型艺术三个方面进行论述。

2.3.1 秩序感的空间体验

地铁站建筑空间是由不同空间形态组合而成，丰富的空间形态有利于生成多元化的艺术形式，从而减轻地下空间的压抑感与单调感。对不同建筑空间进行差异性的艺术化处理，可以强化空间节奏的变化，优化空间形态的功能，突出整体空间的艺术氛围，让乘客能够在地铁站中体验多变且具有秩序感的空间。

1）出入口空间

地铁出入口是乘客乘车中第一个进入的建筑空间，在其地铁站建筑中起到标识性与引导性的作用。地铁建筑出入口空间形态呈现出开放的姿态，强调标识性与引导性。地铁空间的入口设计是地铁空间设计的门面，也决定了人们进入地铁所形成的第一印象。入口连接地面空间与地下空间，用来传达地铁的信息，包括地铁的标识系统、地铁的入口设计等，首先需要呈现的是地铁信息，这种信息一般都通过与周围建筑的整体风格相协调的方式来体现。地铁要与周围融

图 2-9 法兰克福伯肯黑米尔·瓦特地铁站出入口

图 2-10 西班牙的毕尔巴鄂地铁站入口

为一体,在此基础上又要体现个性,这成为地铁入口设计的难点。任何建筑都处在特定的环境脉络之中,地铁站建筑也不例外,其出入口位于城市环境之中,外观造型设计与城市形象相关。因此其设计首先需要考虑周边环境与周边建筑形式,因地制宜进行设计。

  乘客由地面部分进入地下空间的这一过程中,地铁出入口造型的视觉冲击性可以激发乘客的兴趣去逐步探索内部空间的奥秘,同时还可以引导乘客识别重要交通信息,给乘客带来别样的空间体验。地铁出入口建筑体量较小,形体多是以规整的几何形体为主,为寻求变化,可以通过外观奇特的造型,增加出入口可识别性与视觉冲击性。如法兰克福伯肯黑米尔·瓦特地铁站出入口,立柱全是倾斜,整体外观造型像一辆火车扎入地下,路面撞破留下凌乱的碎石,极具有超现实主义特色,给人强烈的视觉冲击力。在城市交通拥挤状态与乘客疲惫的情况下,这种新奇的造型给人以神秘的感觉,激发人们对其内部空间的探索(图2-9);另外还可运用曲面打造不规则的建筑形体或在外立面上运用装饰,采用大胆明亮的建筑色彩等设计手法,如西班牙的毕尔巴鄂地铁站入口,钢拱夹着弧形玻璃的外观造型像露出地面上的玻璃管道,玻璃的通透明亮与灯光的丰富变化相结合使得造型极具现代感,营造出轻盈明亮且通透适宜的入口空间(图2-10)。

2)交通过渡空间

  过渡空间是地铁站连接地上、地下及各站台的重要通道,具有很强的交通

图 2-11 意大利那不勒斯地铁站

性,是乘客必经的空间场所,具有独立的空间形态及功能。其中室内垂直交通系统如楼扶梯与电梯的过渡空间、通道空间既是地铁入口序列的重要组成部分,也是室内站台、站厅的重要过渡空间,承担着内部交通的过渡角色。交通过渡空间一般是廊道的建筑形态,但因出入口独立或合建的设置不同,其内部交通空间形态会发生相应的变化。交通过渡空间是传统的廊道形式,与周边城市的地下街区相连接而形成多条交通通道,成为复杂的交通空间,对疏散分流、标识特征等具有较高要求。

一般来说,在乘客乘坐楼扶梯与电梯到达通道空间的过程中,会与所在的交通空间具有近距离接触,其空间及墙面装饰会直接影响乘客的心理感受,合适比例的空间与艺术特色墙面设计可以打造舒适的地下过渡空间。如意大利那不勒斯地铁站由西班牙设计师奥斯卡·图斯克茨·布兰卡设计,整体呈现出梦幻浪漫的雪花场景,设计灵感来源于光和水,在扶梯爬升的上方有个圆顶,类似于海洋,利用星星点点的图案,营造出一种流动感(图 2-11)。

另外通道空间多呈线性指向,在其两侧墙面增加艺术造型,会强化线性空间对人的心理暗示,如德国慕尼黑某地铁站(图 2-12)利用高纯度的黄色墙面与暖色灯光,打造流畅的线性引导空间,让乘客置身其中,仿佛正在穿越时空隧道;德国汉堡港口地铁站(图 2-13)结合海洋馆的梦幻设计,通过光滑大理石的镜面反射,与墙上的灯管相互倒映,展现出对称美的错乱情景。

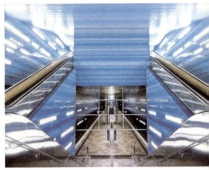

图 2-12 德国慕尼黑某地铁站　　　　　　　图 2-13 德国汉堡港口地铁站

3）站厅站台空间

站厅与站台是地铁站重要的组成部分，也是发展大型地下公共空间的良好载体。地铁的站台和站厅可以同一层、上下层布置，如在地下地铁站中，通常采用上层站厅、下层站台的布置方式；在高架站中，通常是下层站厅、上层站台的布置方式，根据具体的设计需要还可设置两层。一般来说，站厅层整体空间高大、开阔，活动范围广泛，有换乘、购票、服务等；而站台层则较为低矮、活动范围较为固定多为候车、乘车。地铁空间界面是指围合空间要素的实体构成，主要包括地面、侧面、顶面3部分。同理，城市地铁站厅、站台空间从空间界面上划分为顶层面、墙侧面和地层面3种室内空间环境，3层界面通过空间造型、材料选择、灯光设计、色彩搭配、纹理符号等装饰细节相呼应，满足功能空间与视觉审美的双重需求。

（1）顶层面

地铁地下空间通常是采用箱形和圆形两种建造形式。地铁空间的通风空调设施、灯光照明系统等均设置在站台顶面上。该层面的设计应结合地铁空间的结构因地制宜进行设计，对其顶层面层高进行控制，营造高低错落的室内空间，并结合灯具选择、照度的调节等照明系统设计，营造出丰富多变的站厅、站台空间。顶层面的造型可分为平面式、坡顶式、拱式、穹顶式、不规则式等（图2-14）。

（2）墙侧面

人的视觉在视平线上下浮动较多，其视觉中心也多数停留在墙面上，因此地铁室内墙面设计尤为重要。墙侧面区域是传播信息的媒介和创造空间氛围、

（a）广州地铁车站平面式顶面

（b）苏州地铁车站坡式顶面

（c）重庆地铁车站拱式顶面

（d）西安地铁车站穹隆式顶面

图 2-14 顶层面的造型

（a）高雄捷运车站直线式墙侧面

（b）美国哈雷机场车站曲线式墙侧面

图 2-15 墙侧面图

改善空间感受的载体。墙体是车站室内空间最基本的构成要素，因地铁地系统的繁杂性与流动性，墙面多以形式简洁，色彩明快为主，根据其造型可分为直线、曲线、不规则等（图2-15）。通过对墙面空间比例的设计可以有效改善压抑不安的空间感受，同时增加墙面的艺术装饰设计，营造不同的空间氛围，表现不同站内的空间主题。

（3）地层面

因地铁建筑的特殊性，室内地面设计在满足耐磨，防潮，防火等基本要求之外，还需要避免复杂图案，确保地面分区明确、正确传达信息引导人流。同时地铁作为轨道交通运输设施，还需要考虑无障碍设计，因此室内地面不可采用卵石，碎石等材料铺装地面，应确保平滑、防滑等，如芬兰某地铁站（图2-16）采用花岗石地面材料，地面较为防滑但缺少整体站内空间的艺术视觉效果。地面作为乘客近距离直接接触的室内构造部分，还应结合顶面、墙面部分进行统一协调设计，如迪拜地铁站某地铁站（图2-17）地面大面积采用蓝色和黄色的装饰图案，与其顶面与墙面相互相应，整体室内空间完整统一、和谐有序。

4）多变的空间形态

乘客地铁出行流程大致是通过地铁站出入口进入地铁内部的站厅，然后再

图2-16 芬兰某地铁站地界面

图2-17 迪拜某地铁站地界面

到达站台乘车，最后出站。地铁站不同的空间因其建筑功能不同会有所差异，在乘坐地铁这一过程期间会经过地铁出入口、站厅层、站台层多个连续的空间形态（图2-18）。不同的建筑空间会营造不同空间氛围，带给乘客不一样的空间感受。因此对不同建筑功能的空间进行设计，突出其艺术特色，强化空间形态，

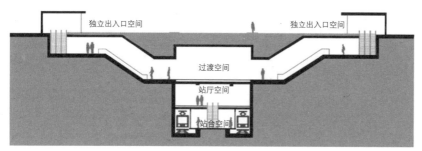

（a）独立式出入口站台站厅异层空间剖面示意图

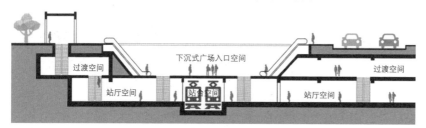

（b）下沉式出入口站台站厅同层空间剖面示意图

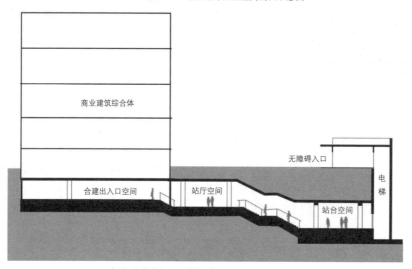

（c）合建式出入口站台站厅异层空间剖面示意图

图2-18 不同组合的空间形态

打造富有秩序感的建筑空间，让乘客能够有丰富多样的空间体验，有效缓解乘客因身处地下而产生的压抑不安情绪。

2.3.2 地域性的造型艺术

地铁车站设计分为两种：一种是模块化设计；另一种是个性化设计即情景化设计，也就是通常所说的一站一景，这种方式强调城市地铁线路的整体识别性，同条线路具有一定的关联性，容易打造统一的地铁空间形象。城市地铁空间的整体印象由线路车站之间的共同属性与独特个性所构成，通过控制共性与个性的占比，形成具有差异化的标准性设计。因此其空间环境设计思路选择"共性为主，个性为辅"较为合理，根据各线路站点的周边特色，通过墙面壁画、立柱雕刻、空间色彩等室内装修进行设计，打造充满地域特色的造型艺术空间。

在地铁站建设中，由于受到地形地貌、技术水平、建设造价等各项因素的制约，许多地铁站均呈现模式化的"方盒子"空间形态，其空间布局与造型比较单一且可识别度低。地铁空间的设计应打破空间形态的局限性，通过重新塑造出入口建筑造型、改变室内空间的装饰，增加室内空间的地域特色，从而提升城市形象与文化内涵。地铁站空间环境设计元素非常丰富，如材料的运用、照明的设计、公共艺术等。这些设计元素以建筑为依托，巧妙地与建筑融为一体。只有做到建筑和空间环境设计相互协调，我们才能真正打造出合理有序的地铁空间。

从地域角度来看，不同的地域文化塑造的地铁文化也不尽相同；从时间角度来看，不同时代审美与地铁的建筑空间与造型息息相关；从建造技术角度来看，本土技术与新技术手段结合可以使地铁站建筑根植于当地环境之中。

1）地域文化影响下的地铁站建筑形象
（1）地域文化与地铁站建筑的关系

地铁站建筑作为城市交通枢纽并非孤立存在，而是与其所在场地空间形成一个整体，跟这个城市存在密切的关系，承载了社会文化、景观等城市功能。地铁建筑作为城市中大量出现的生活型建筑，因其运行中存在大量的人流运输使其成为继博物馆、文化广场等城市建筑之后另一个展示地域文化的窗口，也是传播城市文化的重要媒介。

地铁的建设情况可以反映一个城市的发展状况，其地铁建筑形象可以凸显城市的基本面貌以及城市地域文化的特点。在一定程度上，地铁站建筑风格的不同反映了本地地域文化的特色：乘客走入地铁，感受地铁文化就如同游览于文化长廊。地铁站建筑营造的地域文化氛围能够加深人们对城市文化的印象，能够促进城市文化的提升与延续，能够推动城市文化的进步与发展。

通过将优质地域文化融入地铁站建筑中，不但能够塑造城市建筑形象，更能为地域文化找到新的立足点与生命力，有利于形成具有地域特征的地铁站建筑。一方水土养一方人，不同的历史背景、自然地形、气候特征、居民生活习惯等因素使得每个城市形成了不同的地域个性与特色，城市文化底蕴与表现形式也不尽相同。地铁车站作为城市形象的缩影，建筑设计应注重其地域性特征，充分展现城市的地域特色与文化个性，体现居民文化素养与城市综合水平。

（2）地域文化对地铁站建筑形象的影响因素

①自然环境因素

各地域气候特征决定了人们不同的生活方式（饮食及穿戴等）、风俗习惯等，考虑到湿度、温度、采光等气候因素的影响，各区域逐渐形成极具当地风格的建筑形象。

各区域受地形地貌的影响，会形成不同的生活及出行方式，如轨道2号线李子坝地铁站（图2-19）地处山城重庆，考虑到周边地形地貌的影响，将其

图2-19 重庆轨道2号线李子坝站

图 2-20 迪拜地铁站站内空间

图 2-21 斯德哥尔摩地铁站

与居民楼相结合进行设计。整个轨道穿过居民楼主体,既节约土地资源又顺应场地地形地貌。另外水资源是人们生活中不可或缺的资源,各城市区域的水文特征也成为地铁建设的重要因素,如迪拜地铁站(图 2-20)内部空间运用水、空气、火、土等因素,并融入阿拉伯建筑设计风格。地铁地下车站进行建筑空间营造时,还应考虑其所在地域的地质结构,如斯德哥尔摩地铁站(图 2-21)根据其地质结构特点,在岩石间凿开建造,在保留原始风貌的基础上,通过对车站的整体设计和站内的装修打造出独具特色的地铁车站。

②人文环境因素

城市的每一块土地都经过了形成与发展的过程,这一过程即历史。任何一个地域的建筑设计均离不开历史背景,探求地域的整个演变过程,提炼地域历史文化是地铁建筑设计的重要设计要点。如西安数千年的历史文明是西安独特地域文化的重要积淀,其地域文化历经千年的传承和演变,呈现出多元性和独特性等特点。在西安 2 号地铁线永宁门站出入口设计中,建筑标识颜色选用红色作为城墙形象,主体材质以透明玻璃、白色钢构件和红色 PVC 饰面板为主,

图 2-22 济南地铁 1 号线高架站

充分体现古城的地域文化特征。地铁站内空间则通过文化墙展示特色与亮点,永宁门站地铁内部以迎宾图为主题的文化墙,其墙面内容采用花岗石雕刻而成,再现了大唐盛世的景象。

另外在地域文化因素中,与人们的日常生活和行为观念关系较为紧密的人文环境因素是观念习俗。观念习俗是非物质遗产的代表,是历史文化的重要组成部分,它可以让人直观地感受到所在的人文环境。生活习惯、经济形式、礼仪习俗等都可能是形成观念习俗的重要原因。这种观念习俗通过世世代代的相传,加强地域特性,提升地方的凝聚力。如儒家文化是中国传统文化的重要组成部分,作为其发源地,山东就受到儒家思想观念的熏陶形成了一系列的观念与习俗,并形成一定的儒家建筑风格。在济南 1 号线地铁高架站(图 2-22)设计中,以"儒风·素语"为设计理念,建筑外观造型运用儒家建筑常用的斜坡顶元素,建筑外表面采用清水混凝土的自然表面装饰,表达山东地区的地域特色。

③周边城市景观因素

在地铁站建筑体现地域文化的构建过程中,营造地域性的地铁站建筑形象,需要兼顾车站所处位置与周围区域文脉环境的联系,加强地铁公共空间艺术与地域文化的融合。如哥本哈根地铁站通过对每个站点周边特色进行分析,将街区、广场、公园等城市景观反映到地铁站建筑上,运用不同的颜色与材料打造独具

图 2-23 中国台湾高雄捷运中央公园站

特色的站点。如中国台湾高雄捷运中央公园站（图 2-23）位于商圈、公园及城市光廊等开放空间之中，其车站造型以"飞扬"为主题，车站入口采用向下露天开挖的方式，引进自然光线，并结合开放的顶棚空间，将站体融入阳光与宁静的中央公园。

④社会环境因素

地铁建筑造型及空间的设计需要展示地铁空间的社会价值。地铁经营者所在城市经济发展情况与社会组织制度等社会环境因素，会制约地铁车站建筑造型的建造。对于地铁建筑设计者而言，如何在满足地铁基本功能的基础上，使地铁建筑造型与空间能够展现地域特性是设计需考虑的因素；对于地铁经营者而言，如何降低地铁建筑建设的成本，提升地铁经营的效益是考虑的重点。因此地铁站建筑设计师应充分考虑运营者降低建造成本、实现最大效益化的诉求，选择可行的方法，使得地铁站建筑节约成本、减少资源损耗。

2）时代审美影响下的地铁站造型艺术

审美观念是通过不断积累审美经验，总结形成美的意识形态。不同的历史背景、社会经验、生产力水平等因素都可能会导致不同地域审美观念的差异。地铁车站建筑设计首先需要对不同地域、不同时代的审美观念有所认知与了解，采取相应的设计策略，对其审美观念做出积极的回应，从而满足人们不同的审美要求。

地铁公共空间艺术形态的发展是要为人在地铁车站中的活动提供一种独特的审美需求，关注社会公众最基本的精神生活。在地铁公共空间艺术设计中，要时刻考虑到人的行为活动、心理变化以及思维模式，从而建立起一个多样性的艺术空间，使人们完成基本功能需求的同时，得到更丰富的情感体验。地铁空间中审美品质的创作是一种基于地铁环境普遍性与城市形象特殊性的创作模式。

巴黎地铁利用新的工艺技术（图2-24）将建筑结构暴露出来，配合简单的装饰材料，使得地铁内部空间宏大而严谨，创造出建筑空间的结构美和高雅浪漫的空间氛围，同时利用灯光艺术表现展示出城市文化特征。巴士底狱地铁站（图2-25）所在地区是1789年爆发的法国大革命所在地，巴黎人民攻占了象

图 2-24 巴黎地铁阿拉姆车站

图 2-25 巴黎地铁巴士底狱地铁站

图 2-26 青岛地铁 13 号线高架站建筑

征专制和恐怖的巴士底监狱,这里的地铁通道壁画用大面积空间展示这一历史画面,既表现出曾发生的历史事件,又是一个鲜明的标志。

3)建造技术影响下的地铁站空间造型

本土建筑技术与当地建材是表达地域文化的基本建筑设计要素,将其改进并与新型技术、新型建材相结合,能够重新诠释地域文化的特征,使建筑更加根植于地域文化。地铁车站建筑空间设计应在地域文化的基础之上,运用本土技术与新技术建造手段,同时采用当地和新型建材,寻求建筑与地域环境充分结合,形成对地域文化在空间上的延续。

在地铁站建筑的地域性设计中,通过对其周边地域文化进行深入挖掘,提取图腾、建筑、绘画、手工艺等设计元素,进而反复推敲转化成可识别的视觉符号,并结合新型技术,最终才能打造出既具地域特色又不失时代特征的出入口建筑空间造型。如青岛地铁 13 号线高架站(图 2-26)建筑造型,通过对其周边地域文化的深入挖掘,提取古代"帆船"元素简化运用到建筑设计中,建筑采用弧形来弱化结构形式,立面运用穿孔铝板作为主要材质,整个外观造型符合青岛特色。

2.3.3 情景化的场所氛围

与地面空间环境不同,地铁空间被认为是封闭隔离的空间,车站之间以轨道相连接,不存在空间上的延展性。因地下空间的特殊性,在空间形态上易出现采光、通风、疏散等问题,也存在乘客的空间体验与感知问题,因此在地铁站建筑空间塑造时,还应着重考虑乘客的心理感受,注重站内情景化场所氛围的营造,打造出让人们感到舒适的地铁空间。

1)情景空间的人景因素——情境

情景是客观与主观共同建造的时空维度,是主体与客体参与的空间维度[①]。情境是人景空间的核心,具有客观环境中物理意义的特征,又强调人对空间从客观到主观的感知。换句话说,情境感知即使用者通过视觉、听觉、触觉等途径来感知客观环境空间,进而升华为自身体验的过程。地铁站作为交通建筑,乘客主要在其空间环境中通过或短暂停留,经由多个感官系统实现与站内环境的互动。因此,在地铁站的空间环境设计中,人景空间的构建既要注重对"境"的表达,又要考虑"情"的寄托,在满足使用舒适空间的基础上,将情感融合于物质空间中,实现两者的相互交融。

地铁站内个体多为自发性活动,但又存在一定的共性,这种共性是人景空间的构成要素。通过结合地铁站周边地域环境创造出能够引起使用者关注的空间,使他们自觉或被动参与到事件中去,营造站内有趣的空间氛围。不同地铁站的空间形态能够表现不同的氛围,其形态大致可以分为满足乘客基本需求的理性空间形态、满足在其基础上的感性空间形态。理性空间形态大多通过几何形体的重复、叠加、打散、组合等方式展现出端庄、稳重的氛围;感性空间形态通过仿生、流线、拓扑、主题等方式展现出自由、开放的氛围。如英国伦敦地铁站(图2-27),各个地铁站通道的墙壁上记录有关历史典故和文化背景的壁画,把人们带入当地的文化和历史当中。壁画采用线描的手法,生动地再现这个古老国家的历史和文化,崭新的列车和穿着时尚的年轻人与画中人物形成巨大反差,置身其中仿佛穿越了时空隧道。

---

① Jencks C,Baird G. Meaning in Architecture[M]. London: Thte Cresset Press, 1969:220.

图 2-27 英国伦敦地铁站壁画艺术

2）情景空间的物景因素——样态

样态是情景空间中实体的变化形式，是物景维度上的样式与形态，它既包括围合空间的各个界面，也包含空间本身以及所处空间中人的行为活动。形态、光线、色彩是物景空间的基本构成要素。形态是地铁室内各个界面的主体，其本身具有独特的内涵。通常设计师通过模糊形态特征，表达符号化、媒介化的物景空间。光线是所有物景被感知的必要条件，光线的强弱可以强调物景空间主次变化，其明暗程度可以有效划分空间区域，微妙变化能够引起人的情绪波动。色彩是塑造物景空间的另一重要条件，色彩的变化不仅可以改变物景空间，还对所处环境中人的心理产生一定影响，不同的色彩搭配会建构不同的物景空间。形态、光线、色彩这三种元素的多种排列组合方式可以构成千变万化的空间形态，打造丰富变化的物景空间。因此，在地铁站空间环境设计中，光线通过调节形态、光线、色彩三要素之间的相互关系，能够建构出具有地铁站独特内涵的建筑形式与体量，进而营造出不同情景空间的氛围。

日本东京饭田桥地铁站（图 2-28）室内照明灯具设计源于植物的根茎，站内顶棚设置绿色发光灯管形象地模拟植物的根茎，其光的样态表现使站内犹如笼罩在"绿网"之中。出入口设计运用仿生的设计手法，其造型来自于昆虫的翅膀，外观造型由大小不同的、椭圆形风翼组成。整个地铁站犹如在地下埋藏了一颗种子，其站内复杂的网状结构犹如根茎，从地面一直延伸到地上，最终

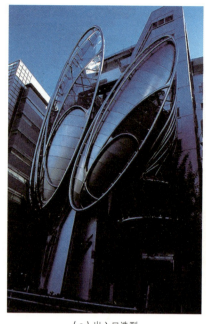

（b）室内绿色网状照明灯管

（a）出入口造型　　　　　　　　（c）室内绿色结构柱装饰

图 2-28 日本东京饭田桥地铁站

通过犹如羽翼的造型展现出来，地铁站室内外建筑风格独树一帜，具有鲜明的特色。

　　在地铁站空间环境设计中，光线是重要的表现工具，其室内光线照度的设置既要满足乘客的照度要求又要突出空间的独特氛围，既能够减弱地下空间的封闭感，又要与整体的车站主体相适应。另外玻璃作为重要的建材，其反射、折射、漫射光线的材质属性可以创造丰富多变的视觉效果。如西安地铁 2 号线钟楼站 C 出入口以及 4 号线长乐公园站出入口（图 2-29）大面积采用玻璃材质，借助玻璃的特殊材质属性进行光线的反射、折射、漫射，增加空间的虚幻效果，塑造出轻盈通透的视觉效果。

　　中国台北大安森林公园地铁站（图 2-30）利用大面积的玻璃幕墙将其下沉广场出入口与地铁站室内相隔，充分利用自然光源满足站内基本光照需求，同时将广场景观引入地铁站内部，使室内外空间相互渗透。站内通道空间顶部装饰采用金属材料，利用其特殊性将其光线进行不规则反射，表达出不同的纹理

（a）西安地铁2号线钟楼站C出入口　　　　（b）西安地铁4号线长乐公园站出入口

图 2-29 自然光投射玻璃的地铁站出入口

图 2-30 中国台北大安森林公园地铁站

质感，营造出现代动感的空间氛围。

色彩要素与形态、光线等其他要素搭配出现，其色彩明度、纯度的变化会直接影响人的舒适度。在地铁站空间环境设计中，通常采用色彩对比、调和等处理手段，提高地铁站的可识别性，加强人们对其空间的认知与辨识，从而提升地铁站整体的空间环境，如德国慕尼黑西墓园地铁站（图2-31）站台安装巨大的圆形灯罩，其顶部泛光灯投射蓝色冷光，灯罩内则安装橙色暖光灯，适度的对比色彩处理使整个车站空间焕发新的活力。

北格林威治地铁站（图2-32）内部以蓝色为主基调，通过采用表面镶贴钴蓝色马赛克的"V"字形混凝土桁架支撑体系、深蓝色的墙面、蓝色的灯光等调和色处理手法，营造出统一且变化的室内空间环境。

图 2-31 德国慕尼黑西墓园地铁站

图 2-32 北格林威治地铁站

3）情景空间的场景因素——景域

景域是群体对环境的认同，能够展现环境中的文化氛围，让人彻底融入"有意义的互动为基础的有序世界中"[①]。景域在"情景空间"中是指场景维度，它既体现"景"和"域"的统一，又表达人们对场景空间的解读与认知。与场地相比，场景空间建构时更加注重乘客的主观感受与城市文化的表达，强调空间的归属感，继承城市历史文脉。乘客对情感与环境的认同程度直接影响其对整个地铁场景空间的判断与认知，同时场景中的文化符号能够表现城市文脉，引发乘客在文化上的情感共鸣，因此，在地铁站建筑的空间环境设计中，"景域"的建构需要通过对地铁站空间环境要素的有效表达，使客观的样态空间与主观的情景空间相互协调统一，满足乘客在情感、环境、文化 3 个方面的一致性认同需求。

在地铁站室内空间中，乘客的情感认同直接影响到场景空间的接受程度，精神认知是场景空间的重要构建要素，可以直接反映人的心理状态。注重使用者的精神认知可以加强空间的可识别性，使站内空间具有领域感与归属感。如

---

① Jencks C, Baird G. Meaning in Architecture[M]. London: Thte Cresset Press, 1969:220.

图 2-33 郑州地铁 5 号线郑州东站

郑州地铁 5 号线郑州东站（图 2-33）站内换乘空间运用柱子支撑巨大圆形灯光环，同时采用夹层式的站厅，在增加了站台空间聚合性的同时也赋予空间领域性与归属感。

　　地铁站作为线性空间，在水平维度上具有较好的延展性，空间印象的塑造直接影响其空间的延续性。在地铁站空间环境的设计中，通过塑造空间形态、选择适宜的空间尺度，可以营造空间氛围、塑造良好的空间印象。随着经济的发展以及人观念的提升改变，使用者开始追求地铁人文气息的空间塑造。历史文化、民族文化、地域文化要素的提取与应用是场景空间建构的有效途径。在地铁站空间环境设计中，提取文化要素并融合多元文化，可以塑造极具文化气息的室内空间环境。如济南 R3 线奥体中心站（图 2-34）以"运动"为主题来展现体育精神、动感济南。整体造型通过天花板的分割和色彩形成呼应，提取

图 2-34 济南 R3 线奥体中心站

奥体中心建筑元素并结合田径赛道、水上运动赛道元素形成符号化的语言，塑造充满体育感的空间。站台一端以冷色调为主，体现水上运动；另一端以暖色为主，体现田径运动，中心下沉部分以彩条形式向两端延伸，并用符号化的运动元素穿插在彩条之间，与该站的公共艺术品形成一体化设计。

第 3 章

混凝土在地铁站建筑中的建构逻辑

　　地铁站建筑代表城市形象和地域传统，应适应人们的生活和情感需要，满足人们的空间需要和审美需求。混凝土具有优越的结构性能和广泛的适用性，而且由于不需要额外的装饰材料，按照同类装饰效果，相比较可以大大降低装饰成本与维护成本，是一种低碳环保的绿色材料。现代混凝土可塑性不断改善和提升，从原来单一、方正的方盒子到多边形几何造型和曲面异形，混凝土的色彩从传统不同色调的灰色变得多样，混凝土的表面从原始粗糙变得肌理更加丰富，各种新型混凝土的出现极大地扩展了混凝土建筑的创作和想象空间。地铁站建筑是城市居民使用频率较高的公共建筑，设计中更应尊重材料的基本属性，深入挖掘混凝土的情感表现能力，使人与建筑之间实现真正对话，在视觉和心理上产生情感上的共鸣。

3.1 材料应用

材料是人类活动的基本物质,也是建造或构成建筑的基础物质。物质依据本身性质,通过预定的目标进行加工和定位变成了材料。材料是建筑的基础,将原材料以某种加工方式变成清水混凝土,再以某种构筑方式,通过预制模板和浇筑确定位置,便完成由物质到材料再到建筑的全部过程。材料研究是建构理论研究的一部分,在建构理论中材料与建造的逻辑关系是真实性表达的重要标准材料,只有加入人的"使用"才能从物质变为材料。

3.1.1 新型混凝土的应用

1)混凝土材料在地铁站建筑中应用的必要性

混凝土材料在地铁建设中具有不可替代性,是地铁站建筑和地铁运行轨道建设的必要材料。由于混凝土材料的优良性能,大大促进了城市轨道交通的发展,从而促进了城市化进程的加快。以下将从应用部位、应用量和应用表现3个方面介绍混凝土材料在地铁站建筑中的必要性。

(1)应用部位

混凝土材料在地铁站建筑中的应用部位与在其他建筑类型中具有一致性,包含梁、柱、侧墙、顶板和基础板等部位。在高架站点中,因混凝土柱子具有良好的承受荷载和抗折等性能,所以使用混凝土承重柱将整个地铁站建筑和列车运行轨道架空起来,保证安全乘车,并减少对地面环境的影响(图3-1)。在地下站点中,使用混凝土侧墙和柱子来承担覆土荷载和抵抗侧向力的要求,并利用混凝土良好的防水性和耐久性来隔绝地下水和车辆行驶产生的振动(图3-2)。

(2)应用量

在地铁站建筑中混凝土材料的用量是所有建设材料中应用最多的,它对建筑结构起到主导作用,对建筑能否满足使用要求有决定性的影响。以下选取3个地铁站点的横向截面图展示混凝土材料在地铁站点中的用量:在长沙地铁3号线洋湖湿地站中标准段截面的混凝土材料面积是66m^2;在青岛地铁13号线

 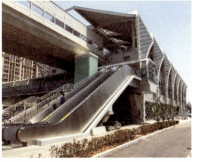

（a）济南地铁R1线紫薇路站　　　　　（b）青岛地铁13号线凤凰山路站

图3-1 地铁站建筑中混凝土材料应用部位

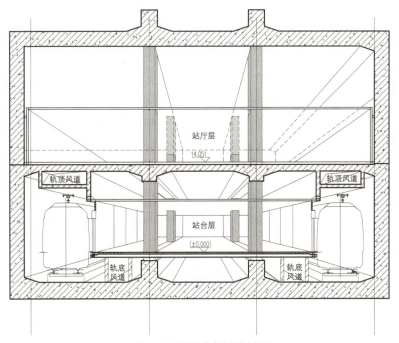

图3-2 标准地铁站建筑结构剖面图

灵山卫站中标准段截面的混凝土材料面积是67m²；在深圳地铁11号线南山站中在地铁站建筑上层布置停车场，所以会大大增加标准段截面的混凝土材料面积，经测量其面积为192.5m²（图3-3）。

（3）应用表现

我国城市轨道交通建设发展快速，目前已成为全世界开通城市最多、总里

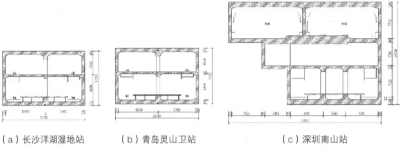

(a) 长沙洋湖湿地站　　　(b) 青岛灵山卫站　　　(c) 深圳南山站

图 3-3 地铁站建筑剖面图

(a) 南京三号线施工照片　　　(b) 河定桥站现场照片

图 3-4 地铁站建筑中混凝土材料的应用表现

程最长的国家。早期的地铁建设施工周期短，多采用明挖式建设方式，导致整体缺乏严格的质量监控和精细化的施工意识，对地铁站建筑与周围环境结合、内部功能符合发展需要、满足人性化要求等方面都有一定的不足。混凝土材料在地铁站建筑中更多作为支撑结构使用，在施工现场通过预制模板进行混凝土浇筑成型，但施工单位在此过程中往往更多关注其结构性能，易导致表面粗糙并留有施工痕迹，需要进行后期装饰（图 3-4）。

现阶段我国的地铁站建筑设计多遵循"一线一景"的装饰原则，并对城市中每条线路赋予不同的色彩加以区分，通过装饰赋予地铁站建筑空间一些预定的文化主题，其目的多为宣传城市形象、地域文化或者历史典故（表 3-1）。

国内地铁站建筑中装饰装修风格　　　　表 3-1

站点名称	昆明地铁 4 号线	石家庄地铁 2 号线
实景照片		
站点名称	苏州地铁 2 号线	南京地铁 1 号线
实景照片		

2）清水混凝土在地铁站建筑中应用的可行性

清水混凝土是一种内在和外表兼具的材料,作为建筑材料在地铁站建筑的应用中具有重要意义和很高的可行性,不仅可以通过其可塑性真实表达建筑的精确形式,还可以摒弃纷繁杂乱的文化现象,保持地铁站建筑的自主性和独立性,并传递文化性和时代性的精神内涵。

（1）真实性

清水混凝土是一种不需要外加修饰的建筑材料,既是建筑结构体系又是建筑表皮饰面体系,能够减少建筑结构完成后对立面的过度装饰。建构视野下的清水混凝土使用主张在合理的结构和建造基础上,排除风格化、符号化和盲目堆砌的历史地域主义装饰。建构首先关注材料本体,并强调直面地铁站建筑本身的真实性,包含细部处理、结构形式、文化体现等方面,追求深层次、结构性的装饰特征,清水混凝土有利于完美的真实表达以上各项内容。

（2）切实性

地铁站建筑多位于地面以下,区别于地上复杂的自然环境,地下空间具有温度、湿度、风、光照等环境因素相对稳定的特点,这对清水混凝土在地铁站建筑中应用提供了很大的可能性,减少了自然环境对材料应用的干扰。

地铁站建筑相较于地上建筑只需要考虑建筑内表皮，同时地铁站建筑形体规整，几乎不涉及特殊的形体关系，功能相对简单明确，且公共空间尺度较大，这对一次浇筑成型且不易后期修复的清水混凝土来说将大大降低施工过程的难度。

（3）节约性

清水混凝土在"二战"后被广泛应用和传播的一个重要因素就是低造价，朴实厚重的雕塑效果，节省了大量的装修费用。地铁建筑站台一根结构柱的立面装修费用较高，加上顶部吊顶、侧墙等位置的装修，其建筑后期装修花费占总工程造价的很大一部分比重，若使用清水混凝土将节省此部分的费用。同时，也能减少为追求某些风格或文化象征而进行的过度装饰，从而降低对自然资源的应用和浪费，符合绿色建筑的发展理念。

（4）永恒性

清水混凝土在建构视野下，对建筑材料、结构、构造的真实性展现，塑造出地铁站建筑空间的质朴和简洁明确，具有古典、清晰、纯粹、高雅的空间氛围。清水混凝土在地铁建筑中所表达的并不是纯粹的形式美，而是建造的形式美，使建筑在具有使用价值的基础上具有文化价值和审美价值。清水混凝土具有永恒性的特点，在建造中的诗意表达不会随时间改变和审美观念的变化而被忽视。

3.1.2 新型混凝土的发展

20世纪90年代以来，混凝土建筑的发展又呈现出新的特点，不仅在基本材料性能方面有了更大的提升，还不断探索光滑、柔韧、彩色甚至透明的新型混凝土材料。混凝土材料强度和其他性能的改善与混凝土技术的改进为混凝土在建筑中的应用提供了变革的基础。其中，高性能混凝土在水泥、骨料、添加剂、受拉等方面进行了改善。采用优质陶瓷骨料、高强度水泥的高性能混凝土，抗压能力可以提高10倍，不仅能够减少构件的截面面积，还可以提高抗渗性和抗张拉性。自密实混凝土增大水泥和细骨料的比重，改善混凝土振捣带来的问题。玻璃纤维、钢纤维、织物等用于混凝土混合料中可以减少裂缝，减少混凝土对钢筋的保护层厚度、壳体厚度，创造出超轻薄的构件。

众多建筑师在实践项目中不断探索呈现多元形态混凝土的应用,例如:西班牙建筑师卡拉特拉瓦重视艺术形式的结构和材料的特性挖掘,多采用较少的混凝土创造出自然雕塑形体的重复韵律和流畅曲线;日本建筑师安藤忠雄一直坚持用混凝土材料体现空间氛围,多用安静灰色的混凝土和自然的光影相结合,并且不断探索混凝土的新形式——现场浇筑的带空腔保温层的双层混凝土墙;扎哈·哈迪德多利用混凝土的流动性和可塑性,结合计算机数字技术的参数化设计营造复杂的塑性流体造型;赫尔佐格和德梅隆多关注混凝土材料的饰面特性对空间的影响。混凝土作为应用范围最广、需求量最大,且普遍易制备的建筑材料,现已呈现出多样化和复杂化,同时也将继续展现其在结构和表面应用方面的巨大潜力。

1)清水混凝土

清水混凝土是直接利用混凝土成型后的自然质感作为饰面效果的混凝土,又称装饰混凝土,是典型的绿色混凝土。它一次浇筑成型,不做任何外装饰,表面平整光滑、色泽均匀、棱角分明、无碰损和污染,只在表面涂一层或两层透明的保护剂,因而其具备了天然、环保、节能、经济等特点。在"二战"之后的城市重建中,清水混凝土材料因其优异的抗压性、可塑性,和相对较低的建设成本,在世界各国得到广泛应用(图3-5)。

图3-5 直岛当代美术馆大厅

近些年来，国内外工程师不断加强对清水混凝土原材料的种类和配比研究，以及各类添加剂的研制，在材料承受荷载强度方面有了一定提升，同时不断改进构造做法，使清水混凝土材料保温隔热、隔声、防风化等物理性能和材料耐久性能都有大幅提高。同时，在现代主义建筑理论不断强调空间是设计的核心，注重建筑材料性能特点，以及当代表皮理论、建构理论等思潮的推动下，清水混凝土材料被建筑师广泛接纳，并呈现出蓬勃发展的趋势。

（1）清水混凝土的特性

清水混凝土既是结构材料，也是表面装饰材料，将结构与装饰结合为一整体。清水混凝土首先要满足结构承载力，包括结构材料耐久性的要求；同时又要满足饰面材料及其装饰的要求。在建筑上，表面装饰材料是指用作墙面、地面及顶棚的表面装饰材料，作主体结构的面层，既能美化建筑，又能保护结构，同时满足洁净、采光等方面的要求。清水混凝土对建筑表面的装饰有两种情况，即现浇清水混凝土的表面装饰和预制清水混凝土饰面[1]。

（2）清水混凝土的装饰应用

清水混凝土脱模以后，靠混凝土的表面色彩、表面线性的质感，对建筑物或结构物表面进行装饰，表面的线性和图案不同，色彩不同，所得到的质感也不同，装饰效果也不同（表3-2）。清水混凝土装饰外观分为两类：一类是脱模后以混凝土原样作为装饰（含利用特种树脂作为模板，在混凝土表面形成不同纹理），另一类是脱模后对表面进行加工的装饰。然后，在清水混凝土建筑中，建筑师还要综合考虑和运用施工中模板拼接缝、施工缝以及对拉螺栓孔，使得必要的施工痕迹成为美丽的肌理装饰，处理好建筑细部与整体的关系，实现简单与复杂的完美结合。安藤忠雄曾经说过："混凝土是属于我的材料，也是属于所有人的材料，它没有任何的局限性，设计师可以根据自己的意志去使用它[2]。"

---

[1] 大师系列丛书编辑部.安藤忠雄的作品与思想[M].北京：中国电力出版社，2005，78-86.
[2] 同上。

清水混凝土材料色彩分类及制作方式　　　表 3-2

混凝土色彩种类		空间氛围	制作方式
灰色类		庄重、静谧	由硅酸盐水泥熟料、少量混合材料、适量石膏加上砂石骨料搅拌制作
彩色类	彩色	活泼、热情	1.通过颜料和染色剂对普通水泥进行染色；2.对优质石英砂进行染色作为混凝土骨料，通过不同的物理或化学方法使得骨料暴露在外，显出颜色；3.使用彩色的大理石、花岗石等天然矿石为原料，经过粉碎、水洗、分级等多道工序加工成天然彩砂作为骨料
	白色	洁净、简约	以低氧化铁含量的石灰石、白泥、氧化硅为主要原料烧结成为以硅酸钙为主要矿物质的熟料，再经过淬冷处理加入适量石膏细磨而成

（3）清水混凝土的配置

清水混凝土材料其实和混凝土的材料构成没有多大区别，基本也是由水泥、骨料、矿物质掺合料以及化学添加剂等组成，只是其中的配方比会有所区别。清水混凝土在表面是没有其他任何饰面材料的，因此对表面的性能和功能都要求很高，在进行建设过程之前，必须先将样板进行比对，其中水泥、矿物质掺和料及化学外加剂没有固定的配比，必须结合项目实际要求以及项目地区特点进行调配，很多时候要靠工程经验来确定。了解材料的特性，掌握使用材料的特性及有效措施，是保证清水混凝土质量的重要步骤。

（4）清水混凝土的养护

①清水混凝土拆模后应立即进行保温蓄热养护，可以采用塑料薄膜、彩条布等材料或涂刷水性养护剂加覆盖的措施，使新浇的混凝土处于潮湿的环境中，并注意保持清水混凝土的内外温差和降温速率控制在允许范围内；②清水混凝土结构以竖向结构居多，为避免水印和色泽不均，不得采用淋水养护，应喷洒雾状水，造成潮湿的小环境[①]；③后续工序施工时，要注意对清水混凝土的保护，不得碰撞及污染混凝土表面。在混凝土交工前，用塑料薄膜保护外墙，以防污染。对易被碰触的阳角部位处，拆模后可钉薄木条或粘贴硬塑料条加以保护。另外还要避免人为污染或损坏。

---

① 冯乃谦，笠井芳夫，顾晴霞．清水混凝土 [M]．北京：机械工业出版社，2011．

2)生态混凝土

生态混凝土又称多孔种植混凝土,它与普通混凝土的最大区别就是不用细骨料,只用粗骨料。颗粒均匀的粗骨料被水泥砂浆包裹表面,水泥浆不起填充作用,而是仅将粗骨料胶结在一起,使之成为一种多孔性材料。它具有连续空隙结构,透气和透水性能良好,连续的孔隙能够提供植物根部或水中生物生长所需要的养分存在空间,降低环境负荷,是一种新型环保材料(图3-6)。

国内外生态混凝土中的粗骨料主要是碎石和卵石,也有用烧结碎砖块和陶粒的。如果用石子做粗骨料,除应满足强度和压碎指标的要求外,石子的粒径应大于5mm,小于40mm。考虑到均等粒径骨料的堆积空隙率大,一般用粒径5~15mm或10~20mm的石子做大孔隙混凝土的骨料。为了提高混凝土强度,要限制石子中的针片状含量不大于15%,含泥量不大于1%。由于这种混凝土中没有细骨料,所以混凝土中存在着大量尺度较大的孔洞。正是由于这些大孔洞的存在,使得生态混凝土显示出与普通混凝土不同的特性,在某些方面表现出独特的优越性。

生态混凝土与普通混凝土相比,具有以下优点:

①表观密度小,一般在1400~1900kg/m^2之间,属于轻混凝土的范畴。

②水泥用量比普通混凝土少1/4~1/3,工程造价低。

③浇筑时产生的混凝土侧压力小,可选用各种轻型模板。

④浇筑后混凝土的表面和内部存在大量连通的蜂窝状空洞,便于植被培植,绿化混凝土表面。

图3-6 生态混凝土陡坡地形应用

⑤由于混凝土不用细骨料,简化了材料运输、搅拌设备及现场管理的工作量,同时还降低了混凝土成本。

⑥施工简单,靠自重落料即可密实成型,不需要机械振捣或人工插捣,对人工的技术水平要求不高,具有一般技术的工人即可胜任。

⑦骨料除可采用碎石、卵石、陶粒外,还可以直接利用炉渣等工业废料,或强度较高的建筑垃圾,便于环境保护。

⑧旧的生态混凝土构件破碎后,又是很好的混凝土粗骨料。这样,对节省地方天然河沙材料和减量建筑垃圾是有利的。

现阶段常见生态混凝土的研究多属于轻质混凝土,材料强度不高,一般不超过 15MPa,但它有较大的孔隙。在这种混凝土的表面上种植草木植被,植被根系能通过孔隙穿过混凝土,扎根到混凝土下的土壤里;或者在混凝土下的土壤里种植草木,草木的径叶能够穿过孔隙到混凝土的表面。两种方法都可以绿化混凝土,使混凝土生态化。将它用到水利保护护坡工程建设中,不仅可以解决防护防冲问题,还可以使岸坡绿化,减少热岛效应,把混凝土的硬化与绿化完美地结合起来,使混凝土与自然生态和谐相处,进而实现对河道堤防坡面的防护,将控制洪水性能、维护生态性能、水体净化性能和景观美化性能集中于一体[①]。

沙特阿拉伯的奥拉亚地铁站是在沙漠中建起一座绿洲,在利用混凝土制成的地铁站缓坡屋顶上开辟了一座城市公园,为这座处于沙漠中的城市提供了宝贵的绿地(图 3-7)。

3)自愈混凝土

混凝土结构的开裂,一直是工程界和学术界研究的一个重要课题,混凝土裂纹自修复技术是近些年提出的混凝土裂纹修补的新方法。自愈混凝土是能够进行自我结构修复的智能材料,当内部形成微裂纹时,混凝土在外部或内部条件的作用下,能释放或生成新的物质自行封闭、修复微裂纹,以阻止微裂纹的进一步扩展(图 3-8)。混凝土材料的自修复原理是在混凝土材料基体中提前加入特殊组分,形成智能型自修复系统。当混凝土结构产生微裂纹时,提前加

---

① 赵玉青,邢振贤. 生态混凝土护坡技术与应用 [M]. 北京:中国水利水电出版社. 2016.

图 3-7 沙特阿拉伯奥拉亚地铁站

图 3-8 自愈混凝土样本展示

入基体内的特殊组分在各种破坏作用下释放修复材料,修复并阻止裂纹进一步扩展。

　　自愈混凝土的自修复包括主动式和被动式,主动式如形状记忆合金(SMA)修复技术和液芯光纤/纤维法,基体能够主动监测并感知微裂纹位置,主动及时释放修补材料对微裂纹进行有效修复;被动式如微胶囊修复技术,基体因受力发生变形而产生裂纹时,提前加入基体内的修复材料因外力的作用流出对微裂纹进行修复。目前混凝土的自修复技术主要包括:结晶沉淀法、渗透结晶法、电解沉积法、液芯光纤/纤维法、形状记忆合金技术、微胶囊技术、微生物技术等[①]。

　　①结晶沉淀法:是一个以碳酸钙结晶沉淀为主要原理的混凝土材料进行自我修复的自然现象,在有水的条件下,空气中的 CO_2 与混凝土中微溶于水的水

---

① 胡宝云,管婧超.自修复混凝土的国内研究现状与发展趋势[J].广东化工,2018,8:170-171.

化产物 Ca（OH）$_2$ 反应生成碳酸钙晶体并沉积在裂纹表面上，随着 $CaCO_3$ 颗粒沉淀的生长聚集，裂纹被逐渐修复。混凝土结晶沉淀的自我修复过程是一个自然存在的过程，对混凝土裂缝的修复能力较弱。

②渗透结晶法：是通过在混凝土中加入具有活性的添加剂或者在混凝土基体外部涂覆一层包含活性添加剂的涂层发挥自我修复作用。

③电解沉积法：是通过电解作用在混凝土基体上沉积一层如 $CaCO_3$、Mg（OH）$_2$、ZnO 等化合物，此类沉积层混凝土基体提供一种物理保护，以此达到修复混凝土裂纹、降低混凝土渗透性的效果。

④液芯光纤/纤维法：是先将修复材料储存在空芯光纤或者中空纤维中，再将其预埋入混凝土基体中，当混凝土基体在使用过程中出现微裂纹时，在力的作用下光纤/纤维破裂，其内部所储存的修复材料流出，渗入混凝土裂纹，从而修复裂纹。

⑤形状记忆合金：是具有形状记忆效应的功能金属材料。采用SMA技术（即由沥青、纤维稳定剂、矿粉和少量的细骨料组成的沥青马蹄脂填充间断级配的粗骨料骨架间隙而组成的沥青混合料）的混凝土结构，首先确定该混凝土结构的受拉区域，之后在该区域预埋经过预拉伸的SMA，当混凝土结构在使用中出现不允许的裂纹以及受到超限载荷时，对该区域的SMA通电加热，使该区域的SMA发生收缩变形，以此使裂纹修复并限制裂纹的继续发展。

⑥微胶囊技术：是近年来发展起来的一种新型自修复材料，其基本原理与液芯光纤/纤维自修复法类似，把修复剂作为囊芯存储在微胶囊的囊壁内部，在外界物理或者化学环境刺激下（例如微裂纹、氯离子或者碳酸根离子、周围pH值的改变）囊壁撕裂，内部的囊芯材料释放出来从而起到修复作用。

⑦微生物技术：修复机理首先是将能够诱导碳酸钙晶体沉积的微生物预埋入混凝土基体，此时微生物处于休眠状态；然后在混凝土基体的服役过程中，由于产生微裂纹等外部环境的变化导致混凝土内部氧气和湿度的改变，在这些条件下微生物被激活，通过生物矿化作用，生成矿物沉淀，填补裂纹修复基体，防止水和其他化学物质进一步侵入[①]。

自愈混凝土技术经过近几十年的发展，已取得一定成果，但距离大规模项

---

① 钱春香，李瑞阳等. 混凝土裂缝的微生物自修复效果[J]. 东南大学学报（自然科学版），2013，43（2）：360-364.

目施工运用还有一定的差距。自愈混凝土具有延长混凝土使用寿命，降低混凝土后期修复、维护费用，提高材料耐火性能，增强抵抗地震、暴风、爆炸等自然灾害能力等优点。但自愈混凝土同时具有自重大、造价高等缺点，所以新型、高效、环保的自愈混凝土技术是今后的需求和研究热点。

4）透光混凝土

透光混凝土就是能够透过光线的混凝土，它并不是完全"透明的"，从21世纪初开始，世界各地的研究者们都热衷于半透明混凝土的研制。透光混凝土是在普通混凝土的基础上增添光学纤维、精致混凝土、树脂等研制而成，主要采用的是将数千条平行光纤束置于混凝土中和利用固体透明塑料棒或半透明编织物置于混凝土中两种方法（图3-9）。透光混凝土不仅满足了实用功能，并加强自然采光、节省能源消耗，也在一定程度上满足了审美需求。

透光混凝土制作工艺的首要因素是在预制混凝土砌块中加入的导光材料，这是一种光导纤维，简称光纤。通常情况下光纤有无机光纤和有机光纤两个种类，由光学玻璃或高纯度石英制成的叫作无机光纤，由塑料导光纤维制成的叫作有机光纤。无机的光纤光通过率较高，传输距离较长，造价昂贵；有机光导纤维造价相对低廉，但透光效果较低（图3-10）。

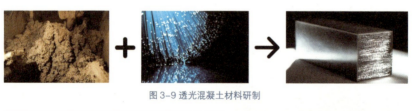

图3-9 透光混凝土材料研制

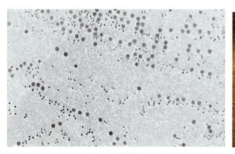

（a）白天状态

（b）夜晚状态

图3-10 透光混凝土材料效果

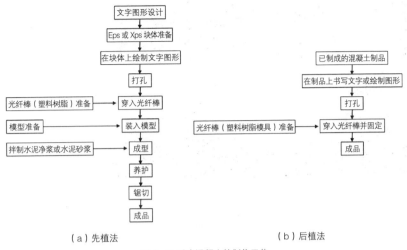

图 3-11 透光混凝土的制作工艺

匈牙利建筑师阿伦·洛松齐在最早研究透光混凝土时所采用的材料是光纤维。当时的施工工艺相对简单,即将建筑构件钢筋绑扎好,支模前人工将光纤维均匀布置在钢筋支架上,两端伸出并固定,确保在浇筑混凝土时不破坏光纤维的布置,这样将光纤维分布到墙体构件的两端,从而进行光的传递。透光混凝土的巨大潜力不断吸引建筑师和工程师进行探索研究。光纤维制作透光混凝土分为两种方法,即先植法和后植法(图3-11)。先植法是将预先设计好的图形或者文字轮廓印刻在两块硬质的模块上,分别置于墙的两面并固定,然后在硬质模块上打孔并穿入一定根数的光纤维,最后再浇筑混凝土。后植法与先植法相反,是先在浇筑成型的混凝土墙的两面刻上文字或图案的轮廓,然后打孔穿入光纤维材料,最后灌浆固定。不管是先植法还是后植法,制作透光混凝土的工艺都是非常复杂的,再加上光纤维材料的价格昂贵,这就使光纤维透光混凝土在发展过程中受到一定限制。

目前国内使用透光混凝土的成功案例是2010年上海世界博览会中的意大利馆(图3-12),此馆由意大利建筑师吉姆帕奥罗设计,建筑用地面积7370m²,总建筑面积10506m²。意大利馆被称为"人之城",可以理解为城市以人为本的理念,正如设计师所说"在创作中希望寻求一种方式,能够将意大利传统城市布局的精神、形式和中国文化(上海弄堂)结合起来,并重新

图 3-12 上海世博会意大利馆

诠释注重以人文本,展示一个真正意义上的微缩城市。[①]"组成整个建筑的 20 个功能模块分别代表了意大利的 20 个大区,它的形状就像游戏棒(上海弄堂中的一种游戏玩具)一样可以随意变化,而且能够以较小的规模进行拆卸和组装。从外观上看,整个意大利馆如同分裂的马赛克,散布在展览馆内部的水和自然光,共同营造了一个舒适温馨的环境。意大利馆的建筑外墙采用的是复合系统,外侧采用透明混凝土砌块,内侧是双侧 ETEE 结构,透光混凝土覆盖了整个意大利馆的外墙,通过透过外墙的自然光线,解决部分馆内房间照明问题,达到节能目的。全馆共使用 3774 块混凝土板,使用约 189t 透光水泥,覆盖面积达 1887m^2,占外表皮混凝土挂板的 40%。透光混凝土的运用,使展览馆内部在白天时,使用透光混凝土的墙像一面巨大的窗户,阳光透过墙体照射进室内,使室内具有自然光线照明,减少照明能耗;在夜晚时,整个展览馆内部灯光透过外墙和屋顶的透光混凝土向外发散,使站在馆外周围广场和街道上的人,可以看见馆内人们活动时朦胧的身影,从而将室内外空间联系在一起,充满生机和活力。

5)其他新型混凝土

①玻璃纤维混凝土:C 纤维混凝土材料是一种含有玻璃纤维成分的创新型强化混凝土板材,具有强度高、轻薄、可弯曲、延展性良好等特性,可以被用

[①] 张保淑.意大利馆:人本之城[J].创意前线,2010(4),8-11.

来建造特殊形状的建筑。该材料具有良好的抗热性，可以耐受350℃的高温，常被用作100m以上建筑的防火材料。玻璃纤维混凝土在不同的结构与表面处理下可以产生不同的视觉效果，展现了建筑的现代风格。

②可再生混凝土：可再生混凝土是利用可回收的工业材料制成，例如玻璃、塑料、建筑废料等，70%的组成成分是可回收成的，使其避免了成为建筑垃圾的命运，改变了可再生材料无论如何都比原材料要少的概念，成品体积甚至大于原料体积。可再生混凝土因为其骨料与众不同的美感非常吸引人的眼球，在保留了高强度混凝土优势的同时还加入了环保的特性。

③泡沫混凝土：泡沫混凝土因为含有大量气孔所以具有优越的保温隔热性能。是唯一一种可以对建筑屋面、墙面、地面全方位进行保温隔热处理的材料，没有任何一种材料可以像泡沫混凝土一样被广泛地运用于建筑的各个部位。从工艺上来说，泡沫混凝土既可以现场浇筑施工也可以在工厂预制成品。从材料密度上看，泡沫混凝土既能够是超低密度的也可以是高密度的，强度范围从0.4Mpa到10Mpa。无论是保温性能、强度、成本等方面泡沫混凝土都是最佳的节能环保保温材料。

④透水混凝土：透水混凝土又称多孔混凝土、无砂混凝土、透水地坪，是由骨料、水泥、增强剂和水拌制而成的一种多孔轻质混凝土，不含细骨料。透水混凝土由粗骨料表面包覆一薄层水泥浆相互黏结而形成孔穴均匀分布的蜂窝状结构，故具有透气、透水和重量轻的特点。透水混凝土能让雨水渗入地下，有效补充地下水，解决城市的地下水位急剧下降，并且能有效消除地面上的油类化合物等对环境污染的危害，是维护生态平衡、缓解城市热岛效应的优良铺装材料。透水混凝土拥有系列色彩配方，配合设计的创意，针对不同环境和个性要求的装饰风格进行铺设施工，能够达到传统铺装和一般透水砖不能实现的特殊效果。美国从20世纪70～80年代就开始研究和应用透水混凝土，另外一些国家也在大量推广，如德国要在短期内将90%的道路改造成透水混凝土，改变过去破坏城市生态的地面铺设，使透水混凝土路面取得广泛的社会效益。我国最近几年推出的"海绵城市"项目中，新型透水混凝土材料不断地被推广使用（图3-13）。

图 3-13 透水混凝土样本及应用

3.2 结构形式

混凝土高强度的抗压与较好的抗拉性能使其成为一种"万用之石",加上混凝土制作过程中半流质的可塑性可以被浇筑成任意结构形态。混凝土良好的力学特质从一开始就被当作结构材料使用,是技术的象征,当混凝土结构成为建筑表现的主体时,所展现出的美学特征有着重大意义和深远影响。利用混凝土优异的可塑性与结构性能可以塑造出独特结构体系的地铁建筑空间造型,能最大限度地发挥建筑师的创造力和想象力,产生令人耳目一新的新形象,展现出建筑独特的美学特质和建筑情感,实现建筑技术与艺术的完美结合。

3.2.1 力度特征

地铁站建筑站点分为地上站点与地下站点,其中地下站点的建设方式主要分为"明挖式"和"暗挖式",这两种施工方法形成了地铁站点建筑横断面的两种基本形制,在《城市地下空间设计》一书中,格兰尼将地铁两种横断面描述为箱形和圆形,"通常来说,对采用开挖建造时,箱形是最实用的;采用盾构施工法时,圆形是较好的"①。明挖式车站的基本站体为矩形箱体结构,以平顶为主,中间采用立柱承重,两侧采用连续的现浇清水混凝土墙,具有理性的秩序特征,但施工时对周边的环境影响较大,土方量也大,在国内以及亚洲地区地铁站建筑采用明挖式更为普遍。明挖式地铁站建筑多为三跨两柱的空间形式,柱体是不可或缺的承重结构,柱阵在一定程度上阻挡了乘客视线,空间感较小。清水混凝土的力度特征在建构本体下通过明确的清水混凝土柱、梁、板和侧墙的交接关系真实表达出材料的力度特征。

匈牙利布达佩斯4号线弗瓦姆广场地铁站位于多瑙河岸下面,站台距离地面36m,是集有轨电车、公共汽车、轮船、小汽车和地铁于一体的综合性换乘站点。弗瓦姆广场地铁站采用了明挖回填技术,地铁建筑是由4层的清水混凝土梁柱支撑起来的空间网架结构(图3-14),清水混凝土三维体系的网架结构使箱型建筑空间的立面墙体如同骨架一般。弗瓦姆广场地铁站以综合性的施工系统,严格的施工控制,创造了独特的清水混凝土结构形式呈现给乘客。在建构本体下4层的清水混凝土梁柱体系,尤其横纵方向的清水混凝土梁交接看似毫无秩序,实则严格按照受力特征,利用计算机模拟计算而来,是对结构形式的真实表达,既可以均匀承受上层荷载,也对立面结构有支撑作用。第四层的空间清水混凝土梁柱体系打破传统的对梁板结构具有严格秩序的认识,营造出结构体系无序化的特点,并与采光天窗结合,室外光线穿过"无序的"清水混凝土梁柱上,然后再照射到地铁建筑空间中,营造出独特的空间氛围。

广州地铁5号线动物园站位于广州的老城区内,为深埋3层的明挖站点,动物园站的转换空间为横纵各4跨的方形空间,为给乘客提供良好的视觉导向,在其中连续两侧布置夹层,其余为通高空间。为配合闸机、安检等平面设计,利用清水混凝土材料的可塑性,改变常规柱网结构的设置,选择"Y"形的清水混凝土柱子结构,将原本需要4根承重柱的结构体系变为2个"Y"形承重柱结构(图3-15)。巨大的通高中厅和"Y"形承重柱成为该空间的视觉焦点,

---

① 吉迪恩·S·格兰尼,尾岛俊雄. 城市地下空间设计[M]. 许方,于海漪,译. 北京:中国建筑工业出版社,2005.

图 3-14 弗瓦姆广场地铁站内结构体系

图 3-15 动物园站内结构体系

图 3-16 哥本哈根奥瑞卡伊地铁站

夹层周边的圆形清水混凝土柱子与中厅空间"Y"形清水混凝土柱子构成独特的承重结构体系。不加修饰的清水混凝土结构形式明确建造，并解决了传统地铁站空间低矮、压抑、缺乏导向性等问题。

奥瑞卡伊地铁站位于哥本哈根的北码头区，车站与地面层通过两座混凝土折线楼梯连接，跨度 33m 的混凝土站台由 V 形柱支撑，将对地面的占有最小化，创造了一个开放的、灵活多变的城市空间（图 3-16）。

3.2.2 柔性特征

利用清水混凝土的流动性和可塑性创造自然优美的建筑形态，展现清水混凝土的柔性特征，多表现建筑形态的曲线感和有机性。清水混凝土的柔性特征减轻了材料的冷峻感，缓解了梁柱交接处的生硬感，有利于增强建筑内部的空间导向。暗挖式车站的建筑横截面为圆形或椭圆形的隧道式结构，多以拱顶为主，侧墙一般为弧形，并与拱顶连为一体，中间没有立柱遮挡视线，在视觉上有开阔自由、流畅舒展之感。

美国华盛顿地铁的站台空间（图3-17），通常采用巨大的拱形结构，清水混凝土的肋形结构形式，不断重复相同的建筑元素，具有极强秩序感，营造出粗野主义风格的建筑特点，让建筑空间变得气势恢宏，空间活泼而不失庄重。

金丝雀码头地铁站是英国伦敦银禧延长线的重要项目，地铁站点位置临近加纳利码头，预计每天的高峰时段内将有5万人次甚至更多旅客通过。金丝雀码头地铁站（图3-18）是由福斯特事务所设计，采用明挖施工，地铁站点是长280m、宽32m、高24m的箱形空间，内部完全使用清水混凝土现浇施工完成，因其将严谨的施工控制与建筑结构优雅相结合，而被称为"是一座看起来能够历时几百年的车站"。建构本体下将站点内部柱子布置在中心线上，结合庄严的清水混凝土穹顶空间，赋予整个地铁站点空间更多的活力，整个地铁站点的横截面像"榔头"形状，是由密排的清水混凝土肋形结构体系形成的拱顶形式，

图 3-17 华盛顿地铁站内空间环境

由于空间层高较高,结合高耸的立柱和统一的清水混凝土材料被称为伦敦银禧延长线上的"大教堂"。

在地上站点中,卡塔尔多哈地铁网络–姆什莱布车站以拱形结构、传统建筑的表现形式、独桅帆船的轻盈感以及游牧帐篷的拉伸轮廓为灵感,以一种现代的"拱顶空间"诠释了以上这些参照元素(图3-19)。

图3-18 金丝雀码头地铁站内结构体系

图3-19 姆什莱布车站入口及室内空间

3.3 表皮肌理

地铁站建筑的空间装饰现已从地铁建筑发展初期的满足功能要求,转变为更加注重内部空间环境的体验感。地铁站建筑具有开发不可逆性、环境封闭、空间可识别性差等特点,在地铁站建筑设计时一定要充分考虑各种要素,并为未来发展留有可操作余地。现阶段内部空间建造多为完成结构施工后再进行装饰设计,以达到预想的空间环境氛围,这种方式会造成资源过渡浪费、增加施工时间、"千站一面"等问题。混凝土是一种环保型材料,一次施工后不需要额外的装饰,正确使用一种材料时不仅要挖掘其结构可能性,而且要开发它的建筑可选性。混凝土表皮特征是材料的重要性能,随着模板样式、施工工艺、材料性能等方面的不断改善,混凝土的色彩、肌理、图案等表现形式都更加多样化。

3.3.1 色彩原理

正如墨西哥建筑师路易斯·巴拉干所说:"色彩是建筑的重要构成元素,可以改变空间感受,也有助于增强空间氛围[①]。"色彩是材料的第一属性,对人的生理和心理感知影响较大,是建筑空间环境表达的重要因素。地铁站建筑具有空间环境相对封闭和导向性、识别性较差的特点,合理的色彩搭配有利于空间导向系统和丰富空间环境氛围。随各城市轨道交通的不断发展,现已呈现出网络状的发展趋势,色彩就作为区分各条线路的首要元素,目前国内许多城市地铁建设基本推行"一线一色"的设计原则。

清水混凝土可以通过改变原材料的种类和用量,或增加其他有机颜料物质来制备不同色彩的产品,从而使建筑空间蕴含更多的可能性,但在清水混凝土制备不同色彩产品时,应注意所选颜料应具备良好的分散性和较强的着色能力,

---

① 汪丽君,杨桂元.基于地域性反思的实践——墨西哥当代建筑中的清水混凝土表现[J].建筑师,2010,5:18-23.

避免对清水混凝土的坍落度、凝结时间、强度等性能产生影响，使其在大气中长期不褪色，并满足在地铁站建筑中使用时具有良好的耐磨性和耐久性。

清水混凝土的色彩大体分为灰色类和彩色类两大类，其中彩色类又分为白色清水混凝土和彩色清水混凝土。清水混凝土的本色是灰色，但不同的水泥种类、骨料类型可以调配出不同色度的灰色清水混凝土。彩色清水混凝土原材料多使用白水泥，然后加入彩色矿物质拌制，根据颜料添加剂的不同可形成各种丰富的色彩，表现出清水混凝土的鲜明个性和不同的表现效果。建构本体下不同色彩的清水混凝土在地铁站建筑中的真实表达可以满足各类使用要求和丰富空间氛围。

（1）灰色类清水混凝土

国内现有清水混凝土在地铁建筑中的彩色选择多为灰色清水混凝土，但各个站点的灰色调不尽相同（表3-3），淳朴的灰色体现出纯净的自然色彩，也有利于表达清水混凝土的内在精神。灰色清水混凝土要求正式现场施工前必须进行多次材料试验，并在施工过程中保证原材料为同一批次产品，避免出现色差，在施工过程中清水混凝土搅拌、浇筑、养护都有严格的要求，并要选择合适的方法和后期保护涂材，保持灰色清水混凝土自身本体的色彩和质感。

国内地铁站建筑中清水混凝土材料色彩　　表3-3

站点名称	深圳·车公庙站	青岛·灵山卫站	广州·动物园站
照片			
站点名称	深圳·黄岗口岸站	深圳·黄岗口岸站	深圳·南山站
照片			

广州地铁5号线动物园站采用灰度较深、纹理粗犷的清水混凝土，表面涂抹较亮的釉质，对光线有很强的反射作用，营造清水混凝土粗犷、原始的特性，与站点周边动物园区原生态的自然环境相呼应，加强建筑与精神层面的关联。青岛地铁13号线灵山卫站采用灰度较浅、表面纹理较为细腻的清水混凝土，在与青岛西海岸柔软的黄金沙滩地域环境相呼应的同时，也与地铁空间内部黄色的光线相协调，黄色的灯光透过设备管线外壳散射在清水混凝土材质表面，浅灰色的清水混凝土很好得融合黄色光线，整个空间营造出温暖、热情的氛围。深圳地铁7号线皇岗口岸站采用灰度较浅（偏米白色）、表面细腻的清水混凝土，表达出该地铁站点空间静谧、高雅的空间环境，作为连接香港的重要连接口岸，人流量较大，地铁设计尊重材料性能，简洁的材料体现出深圳开放、富有生机的城市名片（图3-20）。

（2）彩色类清水混凝土

现阶段在国内地铁站点中还没有在主体结构中尝试使用，更多应用于城市道路、景观广场之中。彩色类清水混凝土多以硅酸盐水泥中掺入彩色颜料或者染色剂按一定比例配制而成的清水混凝土为主，彩色类清水混凝土可以弥补灰色清水混凝土色彩单调、灰暗和易产生压抑感的不足，在地铁站建筑中丰富的

图3-20 广州地铁5号线动物园站、青岛地铁13号线灵山卫站、深圳地铁7号线皇岗口岸站的清水混凝土

色彩对表达具有地域特色的建造逻辑有重要意义。

青岛地铁 13 号线灵山卫站中放置了两组矩形彩色清水混凝土产品，为候车人员提供乘坐休息。该景观小品是预制构件，颜色为淡黄色和乳白色，方形块两两对角咬合连接在一起，3 个构成一组，与整个地铁站点的清水混凝土空间相呼应（图 3-21）。挪威奥斯陆地铁 4 号线洛伦站周边原为工业区和军营，现规划将其打造成全新的居住社区。该站点最具特色的是站台空间上空蓝色的清水混凝土拱结构，与垂直交通空间穿插，让站台空间连续而多变，同时内部大量设备管道暴露在建筑构造中，营造出充满活力的工业气息。蓝色清水混凝土材质表达原工业区的历史特征，同时以蓝色代表永恒，将挪威碧海蓝天的国家形象深入每一个建筑空间。法国塞纳河畔的维特里新地铁站则展示了棕色清水混凝土的效果，通过预留的天窗让光线照射到地铁站建筑内部，散射到棕色清水混凝土建筑立面上，营造出独特的空间氛围，体现法国巴黎的浪漫和自由（图 3-22）。

图 3-21 灵山卫站彩色清水混凝土座椅

图 3-22 挪威洛伦站、法国维特里新地铁站设计方案

随着社会进步，城市设计更多关注人对美好生活的向往，在地铁站建筑装饰中要以人为本，符合色彩心理感知原理，并在建构视野下将功能性、空间性和文化性相融合，做到三位一体化的设计。清水混凝土作为节能型建筑材料，具有丰富的色彩选择性，既可以承担地铁建筑空间荷载，又可以作为建筑空间表皮营造不同的空间氛围，并推动建造技术的发展，符合可持续的发展理念，更好地为乘客提供候车环境。

3.3.2 肌理质感

建筑材料肌理可理解为组成颗粒、纤维等基本元素的排列形式和所表现出的纹路，按物理表象一般为触觉肌理和视觉肌理，视觉肌理多为二维平面肌理，触觉肌理多为通过雕刻、切压等加工手段而得到的三维立体肌理（图3-23）。地铁站建筑因建筑使用性质，表皮围护结构多为视觉肌理，但在站台空间会通过材质或材质肌理不同，依据触觉肌理划分安全区和禁止区。

清水混凝土由物质变为材料需经过流动—凝固—硬化等过程，根据原材料的种类、大小、数量以及模板材料、后期处理的不同，使清水混凝土表面各组成元素之间的排列和构造不同，从而生产不同质感的表面肌理。地铁站建筑因其多位于地面以下所以施工难度非常大，国内地铁站点建筑中清水混凝土肌理相对单一，某些部位也会使用预制混凝土板装饰，一般用于转换空间和站台空间的两端侧墙处。

正如安藤忠雄所说："清水混凝土没有任何的局限性，可以根据设计师的

图 3-23 清水混凝土材料肌理质感

图 3-24 深圳皇岗口岸站清水混凝土光滑肌理

意志去使用①。"建筑师在地铁站建筑中应用清水混凝土时需综合考虑在施工过程中的模板拼接缝、施工缝、预留缝、构造缝以及对拉螺杆孔等各细部,通过设计和精细化的施工建造适宜的材质肌理,并要处理好局部肌理与建筑整体真实性表达的关系。根据目前清水混凝土在地铁站建筑中的应用案例,将清水混凝土肌理分为光滑肌理、粗糙肌理、特殊肌理三种类型。

(1)光滑肌理

是使用光滑细致的清水混凝土模板通过严格精细的施工直接浇筑而成,光滑肌理的清水混凝土对模板的平整光洁度、严密性、刚度以及模板的安装、支撑体具有非常高的要求。为得到光滑的肌理效果,也可以在拆除模板后对混凝土表面进行打磨。

目前国内应用清水混凝土材料的地铁建筑案例中,基本是采用光滑肌理。在深圳地铁 7 号线皇岗口岸站中采用了两种光滑肌理处理方式,在转换空间的侧墙采用保留预埋件安装洞口和模板禅缝,在柱子和站台空间采用清水混凝土表面打磨处理,保持立面光滑并显示材质的内在色彩。光滑的清水混凝土构造面上规整有序的模板拼接缝和拉螺栓孔,让人不禁产生无限的遐想,展现了清水混凝土特有的材料表现力(图 3-24),并将工匠精神表现得淋漓尽致,符合建构文化真实表现材料本体的理念。

加拿大蒙特利尔地铁内部的装饰采用了混凝土材料,光滑的混凝土和圆形小孔形成的肌理效果提升了地铁空间的现代感(图 3-25)。

---

① 大师系列丛书编辑部.安藤忠雄的作品与思想[M].北京:中国电力出版社,2005:15.

图 3-25 加拿大蒙特利尔地铁站

（2）粗糙肌理

是通过模板印纹或浇筑成型后表面加工等方法来表达清水混凝土粗犷质朴的形象，赋予地铁站建筑丰富的表情和情感。现浇清水混凝土在施工过程中模板对材质表面形式有着决定性的影响，预制模板的种类、大小尺度、拼接方式、纹理形式都直接影响着材料表面肌理。若未得到预定的粗糙肌理效果，还可以在清水混凝土现浇拆模后对立面进行二次加工，有凿纹、凿石锤、锯裂法、梳錾、点加工、冲击法、洗刷法等方法[①]，可以塑造各类清水混凝土肌理纹样来表达材质质感。

在西班牙巴塞罗那 9 号线的地铁站点中，设计师选择了不加修饰粗糙肌理的清水混凝土，整个地铁站建筑空间中的墙面、梁柱结构都为不加修饰的"原始"形态，浇筑过程中对模板也没有严格的控制，导致各部分肌理各异。清水混凝土的粗糙肌理摆脱了人为建造的痕迹，使地铁空间变得更加纯朴，回归到最原始的空间表现（图 3-26）。

国内现有使用清水混凝土的广州地铁 5 号线动物园站中的表皮肌理相对较为粗糙，造成该现象主要有两方面原因，其一为设计师在设计初期就为与站点周边的动物园的自然环境相适应，将材料保持最原始的状态；其二是该站点为 2009 年正式开通使用，当时材料制备、施工技艺都距目前有一定差距，并且当

---

① 杨毅，戴向东，黄艳丽，张岩红. 清水混凝土装饰元素在室内设计中的应用研究 [J]. 中南林业科技大学学报，2012，3：192-197.

图 3-26 西班牙巴塞罗那 9 号线地铁站

图 3-27 广州动物园站清水混凝土粗糙肌理

时在国内没有建设清水混凝土地铁站建筑的经验和参照案例。在该站点内部清水混凝土材料出现原材料搅拌不均、振捣不充分、漏浆等现象，但在后期进行表面打磨，并涂刷较厚的防护材料，营造出独特的空间氛围（图 3-27）。

（3）特殊肌理

清水混凝土在地上公共建筑中应用时，设计师和工程师应一起不断探索该材料的其他肌理形式，例如生态肌理、立体肌理、镂空肌理、雕刻肌理、图案肌理、模板内衬肌理、印刷肌理、堆砌肌理等多种表皮肌理形式。生态肌理是清水混凝土材料的表皮模仿大自然的植物景观，使其构筑物与周围环境融为一体，让材料回归自然环境；立体肌理是让材料表皮由二维空间转化为三维空间，从而营造出某些特殊的视觉效果，对于清水混凝土来说更多是预制清水混凝土板通过预设模数化的排列方式，来达到设计要求；镂空肌理是依靠清水混凝土材料的良好可塑性，通过对预设模板或模具的加工处理，使浇筑出形式各异的能够实现穿过的清水混凝土制品，既可以做双层建筑表皮的外表皮，也可以作为建筑内装饰小品；图案肌理是在清水混凝土表面展示某些特殊图案或纹理，为得到这类效果可以通过预先在模板上加工所需图案形式，浇筑拆模后自然会留下模板的纹理，也可以通过清水混凝土浇筑完成后，在其表面进行雕刻加工处理。但以上的探索和尝试都还没有应用到地铁站建筑中，相信伴随清水混凝土材料的施工技术更加成熟，同时地铁站建筑设计得愈加人性化，清水混凝土的表皮肌理形式将会是未来地铁站建筑研究的重点内容之一。

第 4 章

混凝土在地铁建筑中的施工工艺

建筑是一种实用与审美相结合的艺术，这是它与其他艺术相区别的一个重要特征。一个好的建筑需要满足"坚固、实用、美观"这 3 个条件，而且一般情况下，建筑是这三个不同目的相结合的产物。地铁作为现代化的交通工具，具有运量大、时效性强、快速便捷、安全准时以及绿色环保等优点。在地铁站建筑中，混凝土是应用最广泛的建筑材料，它不仅用于建筑结构还可以用于表皮装饰。而高端简约的清水混凝土材质显示的是一种最本质的美感，笔者以为所谓的"绚烂之极归于平淡"，最高级的审美就是自然。最质朴的往往是最美的，清水混凝土"素面朝天"的美在某种意义上来说是最真实的美。

由于清水混凝土的造价、工艺、模板等这些综合成本并不是现在市场所能自如把握的，要在地铁站建筑中大规模使用清水混凝土也颇具挑战性。鉴于以上特点，现如今清水混凝土在地铁站建筑中应用得并不是很多，但随着国家经济的快速发展，其发展前景还是很大的。根据相关资料收集和施工原则，结合地上公共建筑以及现有案例站点的施工过程，可以将清水混凝土在地铁站建筑中的设计标准和施工要求总结为：方案设计、清水混凝土原材料选定、清水混凝土制备、钢筋工程、模板工程、清水混凝土浇筑、养护及修补等几个方面（图4-1）。

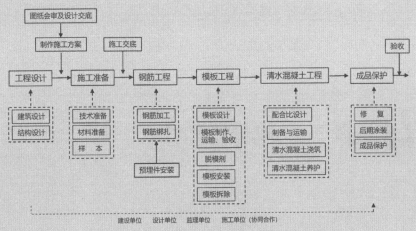

图4-1 清水混凝土在地铁站建筑中的建设流程图

4.1 浇筑方法

4.1.1 浇筑前的准备

在地铁站建筑施工中,一般可以将清水混凝土浇筑分为运输和现场浇筑两个部分。混凝土在运输过程中必须保证运输车清洁,同时在浇筑过程中,要在原基础上增加温度控制,一般要将温度控制在28℃以下。在混凝土浇筑前应仔细进行检查,保证模板及钢筋材料清洁,无积水和其他物品。浇筑时控制振捣时间、间距和均匀度,尽可能排除外观气泡,并做好分层浇筑,严格按照设定的分层高度,一般在墙体分层浇筑时高度控制在30~50cm,相邻两层的浇筑时间应小于混凝土初凝时间,并小于2h。在振捣操作时要保证振捣棒可以穿过两层浇筑之间的分层缝,大约由上一层顶部深入下一层约5cm深,并控制振捣点间距,一般为30~40cm,保证混凝土层与层之间的良好接合,避免后期产生裂缝。建构本体下地铁站建筑的真实性表达需要以材料作为载体和建筑技术做支撑,两者相辅相成,并满足恰当合理的环境需求,发挥材料固有的特性,不断探索和改善建造手法,以更加直接的方式展现因新技术发展而带来的新形式,展现建筑最真实的结构和构造。

此外,清水混凝土原材料选定一般运用以下几种:

①**水泥**。水泥的颜色对混凝土浇筑成型后的色彩影响最为直接,在设计阶段就需进行混凝土样本试验,选定合适的水泥种类。并且在实际施工过程中,必须选用同一厂家、同一类型、同一批次的水泥材料。在对水泥材料进行储存时,应将水泥罐提前清洗干净,避免上次存储余留物影响水泥质量。

②**骨料**。骨料的用量和大小都需根据预设效果和混凝土的性能要求来确定,在正式施工之前,一定要进行多次材料样本试验,确定最终选定具体的细度模数、公称粒径、含泥量、压碎指标值等参数。施工前期进行一次性用料储备,在混凝土制备前应将其冲洗干净,避免粘附泥沙或有机物,影响最终效果(表4-1)。

骨料质量指标　　　　　　　　　　　　　表 4-1

骨料种类	质量指标（按质量计，%）	混凝土强度等级 ≥ C50	混凝土强度等级 < C50
粗骨料	含泥量	≤ 0.5	≤ 1.0
粗骨料	泥块含量	≤ 0.2	≤ 0.5
粗骨料	针、片状颗粒含量	≤ 8	≤ 15
细骨料	含泥量	≤ 2.0	≤ 3.0
细骨料	泥块含量	≤ 0.5	≤ 1.0

③**掺合料**。掺合料主要是粉煤灰和硅灰，除考虑控制水化热，还应对混凝土及钢筋无害，掺合料要具有很好的和易性，并考虑其在混凝土中有效减少泌水。掺合料也应选择同一厂家、同一品种的材料，并且材料质量符合现行国家标准和尽可能符合节能环保的要求。根据广州地铁 4 号线施工前期的材料试验可见硅灰不仅可以改善清水混凝土的性能，还能增强表面强度和光滑度，并能够抑制碳化和减少其他介质侵蚀，增强清水混凝土耐久性。

④**外加剂**。根据混凝土的设计效果，需在清水混凝土制备过程中添加外加剂，外加剂有引气剂、减水剂、染色剂等类型。外加剂要满足混凝土具有良好的和易性、坍落度小、控制单位面积气泡量和调控泌水率的要求。

在清水混凝土制备方面，一般有以下要求：

根据地铁工程需要，前期需要对混凝土性能进行预设，并达到各项技术、规范要求，用选定的原材料反复试配，制作混凝土试件，测试是否满足要求。在广州地铁 4 号线开工建设前期，就对清水混凝土的水灰比和水泥、粉煤灰、硅石、砂、减水剂用量进行改变，测试成品混凝土的和易性、黏稠度、单位面积气泡量、坍落度损失、表观颜色及强度等各项性能。通过混凝土前期样本试验得出胶凝材料用量不应低于 360kg/m^2、双掺硅灰与粉煤灰的清水混凝土和易性更优和有利于提高表面光滑度等结论，并确定最终各原材料配比[①]。在长沙地铁 3 号线洋湖湿地站中地铁空间立面采用清水混凝土，也是在施工前期进行混凝土样本试验，最终选定水泥∶水∶砂∶石∶粉煤灰∶外加剂 =265∶150∶825∶1030∶100∶33，水胶比 0.42，含沙率 42%，坍落度（170±20）mm[②]。在深圳地铁 11 号线南山站中使用清水混凝土柱子，施工前

---

① 周进区，郑建洪 . 清水混凝土在广州地铁的应用 [J]. 广州建材，2007，9：55-57.
② 覃娟，罗慨，陈意 . 地铁车站地下侧墙清水混凝土施工技术 [J]. 施工技术，2017，7：116-119.

期进行多次样本试验，最终确定符合预设效果的配比（表4-2）。

南山站结构立柱高强度清水混凝土配合比　　　　表4-2

原材料名称	水泥	砂	碎石	粉煤灰	减水剂	水
原材料产地	广西"台泥"	东莞	蛇口	深圳妈湾	安徽合肥	深圳
原材料规格	P·O42.5	中砂	5~25mm	F类1级	RAWY101	自来水
清水混凝土每方材料用量（kg/m²）	468	613	1089	52	13.52	154

（来源：作者改制）

钢筋材料具有良好的抗拉性能，并且与混凝土有着相近的线膨胀系数，两者组合成一体有良好的黏结力，整体性好并且具有较强的抗震能力。大部分地铁站建筑结构要承担上层覆土荷载，所以对混凝土和钢筋的性能要求会更高。在地铁站建筑中绑扎钢筋时应使用有足够强度和刚度的钢筋保护层垫块，并且垫块颜色应该与混凝土凝固后的颜色保持一致或接近，并且减少垫块与模板的接触面积，同一构造部位或使用视线范围内的垫块应保持形状、大小一致。

4.1.2 浇筑施工过程

1）竖向结构浇筑

作为"清水混凝土诗人"的安藤忠雄曾经说过："那是为了让人们心中只留下对空间的体验，而创造出朴素又充满力量的空间；一种借由墙壁围筑建造的空间感和外界射入的光线，就能道尽一切的赤裸建筑。"在地铁站建筑中运用清水混凝土，则需要将其柔和细腻的表面效果呈现出来。在进行竖向浇筑之前，样板墙的制作是一个很关键的问题。在地铁站内部，最常见的构件就是墙和柱，而墙和柱也是清水效果的重要看点。由于地铁站内部每天的人流量很大，墙和柱通常都会大面积暴露出来被人们所看到，而且这些构件往往有线条、门窗洞及其他装饰，出于对构件外观的要求，要达到清水混凝土的表面效果，一般施工前需要做样板墙检验施工工艺和清水效果。

除了浇筑前需要制作样板墙外，在竖向结构构件的浇筑中，还应特别注意以下几个方面：

①控制分层下料的厚度，并且逐层振捣。同时，控制好竖向结构的浇筑速度，

尤其是尺寸较小的构件。过快时会增大混凝土对模板的侧压力，容易使模板变形或爆模；另外，振捣新浇筑混凝土会影响下层尚未密实的混凝土，效果与过振的情况相同。

②要注意清水混凝土与已浇筑的非清水混凝土结合部位的施工，因为这种施工缝部位的非清水混凝土尺寸偏差一般较大，与清水混凝土模板之间会存在空隙，必须要进行严密的封堵，门洞根部的模板应有足够的水平压角，以防止混凝土漏浆。

③柱的浇筑应合理组织施工人员，采用树根柱为一组依次循环浇筑的方法，各个混凝土柱分层下料、分层振捣，在满足施工进度的情况下适当降低每一根柱的浇筑速度，使浇筑的每层混凝土都沉实，这样做可以在一定程度上改善砂浆持续上浮的情况。北京地铁 15 号线 C40F300 墩柱的清水混凝土，坍落度基本控制在 230～240mm，含气量则控制在 4.2%～4.7%。1h 之内混凝土的坍落度没有损失，2h 之内混凝土的坍落度则损失了 20mm，其工作上的性能运行良好，施工过程中满足要求。

④墙体的浇筑跟柱基本相同，也是采用分层下料、分层振捣的方式，下料不可过厚堆积。当遇到空间较小部位的振捣时，必要时进行人工插捣。在窗台或较大孔洞部位浇筑时一般采用全封闭模板，当洞口较宽时，需要在洞底的模板上设置下料口、振捣孔和泌水排气孔，若洞口不大只需留泌水排气孔。孔或盖的尺寸须准确、边缘光洁，以便封堵严密，使洞口混凝土面平整。

2）倾斜构件浇筑

①倾斜构件的模板支撑体系比竖向构件的支撑体系复杂；新浇混凝土侧压力对结构上表面的模板有上浮力、构件下方的模板体系需承受模板、钢筋、新浇混凝土的自重、施工荷载乃至上一层结构的自重和施工荷载，底模板是压弯构件，而且下方的模板支撑时间较长，要在倾斜构件达到规定强度后方可撤除。因此，倾斜构件的模板及支撑体系要有足够的稳定性、强度承载能力和刚度，还要方便其他模板的撤出。

②浇筑倾斜的构件需要特别注意混凝土下料和振捣。由于倾斜构件的箍筋、分布筋大多是垂直于倾斜方向布置，振动棒沿倾斜方向插入拔出都容易卡棒，轻则会出现局部过振，造成混凝土不同程度的"水纹"或翻砂缺陷；重则振动

棒不能取出，有可能造成事故。因此，一般的构件可以在上方模板隔适当的距离开浇灌口下料和振捣。打开和封闭浇灌口的操作，难以达到清水混凝土对模板平整度、禅缝的要求，需要在开口处对留置的孔和封闭的板精确加工和细心操作。在有条件时采用附着式振捣器，或自密实混凝土浇筑较好。

自密实混凝土在自重作用下，填充满模板并保证需要的密实度和外观，适宜于浇筑倾斜的构件。但配制自密实混凝土有一定的技术难度，确保混凝土拌合物质量稳定均匀，生产供应全过程都要加强管理；另一方面由于混凝土的流动性大，混凝土可能出现塑性沉缩裂缝和低龄期收缩裂缝的危险加大，要有对应的防治措施。鉴于施工的复杂性，倾斜构件的浇筑不是某种单一的措施就能解决的，而是要根据构件特点、施工条件和环境条件，采取综合治理的办法。

③清水混凝土有控制表面气泡的要求，倾斜构件在上表面容易出现气泡集中，那么清除上表面的气泡有相当大的难度。一种做法是柱内混凝土振实后，随即在模板表面自下而上地振捣，帮助表面气泡排除；另一种做法是在模板与钢筋保护层之间插入楠竹片或塑料片，混凝土振捣后及时抽插，可以有助于气泡排除。排除气泡是一项费时费力的细致工作。

3）梁板结构浇筑

在地铁站建筑施工过程中，采用饰面清水混凝土浇筑的梁板结构，除特殊情况外，一般在板面上还要做找平层、地面或防水层等其他构造层次，上表面只需平整、密实；结构的下表面有饰面清水混凝土效果要求，只要细心浇筑，可以满足要求，施工的难度比竖向结构小，但梁板结构混凝土浇筑时容易出现保护层偏差和裂缝的问题，在施工过程中应注意控制。

青岛地铁13号线采用两层明挖式岛式站台车站，起自井冈山路站，终至董家口站，设22座车站，其中高架站14座，地下站9座，全长68.923km。灵山卫站在公共区域内使用的是清水混凝土梁，其外部的腋角是呈导圆状，在外部更容易暴露大面积的清水混凝土元素，而且地铁站内的混凝土梁与板是采用一体式的结构。这样做会使梁板结构在浇筑的时候更方便、更快捷，而且可以加快施工的进度。灵山卫站的柱子则是采用椭圆形，不仅圆润没有棱角，而且外形简洁新颖、富有张力。

①梁板结构中有伸出板面的柱、墙或其他构件的钢筋,这些钢筋代表了墙、柱等构件的轴线位置,应该准确定位并固定,不得移动。结构内有架在梁钢筋上的板的负弯矩钢筋,有相交梁的钢筋穿插交会;有预埋管线和预埋件。在浇筑过程中不得碰动、损伤这些钢筋和预留预埋件。不得踩塌板的负弯矩钢筋,确保钢筋保护层的误差在允许范围内。

②梁浇筑采用分层下料、插入式振动器振捣,应根据梁的截面尺寸和钢筋间距选择振动棒的型号,振捣要适度,不漏振、过振。在预留预埋件及伸出板面的柱、墙及其他构件的钢筋附近要均匀、对称下料、小心振捣,不得推挤、碰动造成钢筋或其他埋件移位。浇筑完这些部位,应对预埋件和钢筋位置进行必要的复核和校正。在梁支座等钢筋较密集部位,有可能出现卡住骨料的情况,宜辅以人工插捣的方式排除,以免振动棒过振导致混凝土离析。

③浇筑混凝土时,模板内不得存有清洗模板或其他来源的水,残留的水会使混凝土劣化离析、强度降低,在板面浮浆积聚,出现龟裂。

④因堵泵或其他原因清理的混凝土,不得洒落在模板内,洒落的混凝土得不到正常的振捣,很快的初凝后,会成为局部的缺陷,影响混凝土的性能和外观。

⑤梁板结构的新浇筑混凝土与外界的接触面大,混凝土的水分容易散失,出现干缩裂缝,由于板厚一般不大,这种裂缝有可能发展成贯穿裂缝,对清水混凝土结构的功能和外观造成不良影响。因此浇筑梁板一类的表面积较大的结构,应该注意防止混凝土中的水分迅速散失。在大风或高温季节浇筑混凝土,特别是在暴晒的情况下,混凝土表面温度上升和迅速失水,使得还处于塑性状态的混凝土很快出现了表面"结皮"和比较宽大的、压抹也难弥合的不规则裂缝。应该对新浇混凝土面及时采取覆盖的保湿措施——在板面混凝土振实找平后,及时用薄膜或彩条布一类的不透水材料临时覆盖,在后续工序操作时,揭开覆盖物进行二次振捣和压抹,所有操作完成后,用薄膜严密覆盖。浇筑梁板类结构保湿养护和必要时的蓄热养护是十分必要的。

⑥梁柱结点核心区的浇筑。当强度相差一个等级时,可以用梁板结构同一强度等级的混凝土连续浇筑。相差两个及以上强度等级时,要先在结点核心区及规定的浇筑范围内用与柱同一强度等级的混凝土浇筑,随即在核心区混凝土初凝之前浇筑梁、板结构。

4.2 模板工程

4.2.1 基本要求

意大利建筑师奈尔维曾说过:"技术上正确性构成了建筑语言的一种语法。"在清水混凝土结构中巧妙地融入建筑师对结构语言的理解,通过对模板进行设计从而满足不同建筑形式的要求,对于像地铁站这样复杂的建筑设计具有很重要的意义。在地铁站建筑施工过程中,清水混凝土模板(图4-2)一般由面板、支承结构和龙骨三部分组成,模板体系应该采用先进的技术、简单的构造,同时模板应便于拆卸。此外,在进行模板体系设计时,建筑师应对地铁站内部建筑空间有一个整体的认知,需要对构件的截面尺寸、荷载大小、结构形式、基础的承载力等进行清晰掌握。

在地铁站建筑施工过程中,清水混凝土浇筑需根据设计要求选定合适的模板体系,应根据不同的结构部位选用不同材料的模板。模板的安装体系首先要满足刚度要求,尤其地铁站建筑中梁柱体系截面积较大,必须保证在侧压力作用下不发生变形。因为清水混凝土具有一次浇筑成型的特点,在模板安装过程中必须确保几何尺寸准确,平直度和垂直度控制在规范允许的偏差范围内,并保证浇筑时不发生偏移或变形。选定的模板在满足安全前提下,要符合混凝土脱模后的肌理要求,并且有良好的加工性能,保证表面整洁光滑和无油渍,具有一定的吸水性。模板拼接缝和对拉螺栓位置对拆模后清水混凝土的整体表面效果会产生重要影响,所以在设计阶段就要充分考虑模板工程的安装,以及管

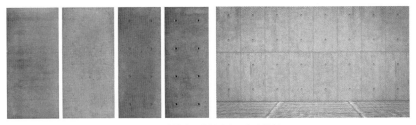

图4-2 地铁建筑中的清水混凝土模板

线预埋等细部处理。

地铁站建筑中的清水混凝土模板设计包括模板支承系统设计、配板设计、模板细部节点设计等。为了使模板满足地铁建设的需要，模板支承系统设计需要对各构件所能承受的荷载进行计算，确保支承系统在承载能力、刚度和稳定性等方面发挥更大作用，使其易于承受钢筋、混凝土、模板的自重，并将模板变形控制在一定范围之内；配板设计是对拼缝、板面的大小等进行设计，同时将其作为工具式的板块进行使用。它需要考虑模板的周转次数、施工的流水段、混凝土表面类型、预留预埋等因素，同时还要有良好的密实度、平整度和光洁度等。

4.2.2 一般原则

1）模板接缝要求

地铁站建筑混凝土施工时，模板面板的分割设计应使模板分块的地方与明缝、禅缝等清水混凝土饰面的最终效果保持一致。在对模板进行接高或接宽的时候，禅缝一般不宜进行错缝布置排列，应使其在同一水平高度上保持交圈，在竖向高度上保持通长顺直。外墙竖向分块应将洞口中线或者轴线作为对称中心线，而内墙模板分块则应将墙中线作为对称中心线。这样最终所形成的明缝、禅缝应该设置在其他有分格线的部位或设置在窗间墙边线上。

2）模板结构设计

近些年来，清水混凝土在地铁站建筑中应用得越来越多，为了使清水混凝土在地铁站内部空间中营造出细腻柔和的效果，除了在材料上有严格的要求外，模板本身的尺寸大小也需要进行严格控制，合适的模板尺寸不仅会使地铁站内部墙体及装饰富有韵律感，而且也会使整个地铁站内部空间环境协调统一。模板本身的尺寸规格要牢固稳定而且要准确，拼缝处要保证不漏浆而且要有一定的平整度。混凝土结构浇筑的高度应低于竖向结构模板5cm，这样在设置水平施工缝时，仍能够保持混凝土结构本身所具有的浇筑高度，从而不会对明缝的布置产生影响。

4.2.3 实施过程

1）模板体系的选择

在进行地铁站建筑混凝土模板设计时，体系化模板的选择要符合构造简单、技术先进、经济合理和支拆方便的标准，而且还应该满足混凝土的质量要求。此外，一定要严格按照地铁工程的特点、设计要求以及所需混凝土的类型来进行体系化的模板选择。由于地铁施工中所需要的建筑模板很多，而且大多数都需要量身定制，因此在工厂制作体系化模板时，要保证模板制作的精确度，一方面能够减轻地铁施工管理和协调的难度，另一方面可以保证混凝土拆模后能达到良好的饰面效果（图4-3）。

在长沙地铁3号线洋湖湿地站（图4-4）中，单元模板由维萨板、明缝条、内楞、外楞、芯带、吊钩、连接爪等组成。单元模板由6块维萨板组成，单块维萨板的尺寸为2440mm×1220mm×20mm，多块板之间镶嵌明缝条，明缝条为向外凸起半径为2cm的半圆柱形；内楞为200mm×80mm×40mm木工字梁，间距300mm；外楞采用横向布置，除下端为300mm外，其余均为

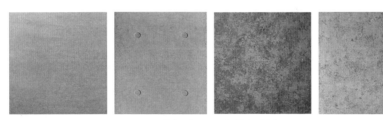

图4-3 清水混凝土不同材料的装饰效果

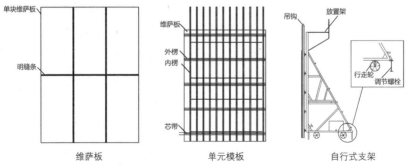

图4-4 长沙地铁3号线洋湖湿地站

1000mm；维萨板与内楞是通过自攻螺丝进行联系，与外楞采用爪连接。单元模板之间采用芯带连接，并用芯带销固定，直接对接时在模板之间贴双面胶，并用玻璃胶对拼接缝进行平整处理，从而使模板之间拼缝严密不错台。因地铁站内部空间狭长，不利于大型机械操作施工，在长沙地铁3号线洋湖湿地站中为支模、浇筑方便，使用自行式侧膜支架设计，由埋件系统和可移动架体两部分组成，三角形架体支撑模板，同时在架体底部设置滑轮和调节螺栓等装置，滑轮可以在立模和拆模过程中移动方便，调节螺栓起到固定架体的作用使其在浇筑过程中不发生位移。

2）模板材料的选择

在建设地铁站的过程中，模板材料通常采用钢板、胶合板、玻璃钢、铝板、塑料板等，也有少部分采用实木面板的情况，应根据地铁站建筑不同的结构部位来选择不同的模板材料。所有的模板都应该具有良好的刚度和强度，加工性能要好，同时便于进行周转使用。济南地铁1号线赵营高架站选用的是新型铝木模板，这种模板具有施工速度快、成型质量好、周转率高等特点，能够保证清水混凝土一次浇筑成型，使清水混凝土表面呈现出素雅庄重的效果，形成颜色均匀、柔和稳重的风格。

地铁站建筑内部由于空间复杂，结构部位较多，会经常出现特殊结构的组件，因此应根据实际情况选择特制的模板材料。外形复杂的模板、曲面模板以及需要承受较大荷载的模板，一般采用特制的工具式钢材料。竹木胶合板各层板间胶合密实，双面覆塑，表面平整光滑，刚度良好，既可以用于制作平面模板，也可以制作曲率较大的构件模板，目前是地铁建筑中清水混凝土制配的常用模板材料。

模板骨架材料的选择必须根据地铁站建筑中不同部位的受力情况进行，如地铁站建筑中的电梯井或扶梯支撑结构需采用钢板，其他建筑部位则可以采用木枋、型钢、薄壁型钢以及特制的铝合金龙骨等材料。模板应该具有足够的强度和刚度，而且应该保持顺直、规格保持一致，同时还应满足受力要求。

明缝条截面在20mm×10mm左右，可选用的模板材料有硬木、硬质塑料、铝合金等，截面宜为梯形或其他便于脱模的形状，也可以根据不同地域的施工环境选用当地常用的模板材料。

通常情况下，工具式板块模板之间的连接采用模板夹具、螺栓等连接件。选用的对拉螺栓要能够满足地铁站建筑常年运营的需要，除了具有足够的强度和刚度外，还应根据混凝土侧压力、墙体防水、人防要求和模板面板材料、混凝土面的装饰要求等情况选用恰当的规格和品种。

3）模板分块及面板的选择

在地铁站建筑中，模板分块要遵循定型化、整体化与模数化的要求，要依据工程类型、荷载大小、施工工艺及质量要求进行设计，此外还需根据构件尺寸和模板类型合理制定施工方案。模板面板的分割必须使模板分割线位置在模板安装就位后与明缝、禅缝达到一致，模板接缝位置应尽量设置在结构转换处，施工缝确立为明缝，这样能使模板拼装得更加紧凑，同时能提高地铁站建筑中的结构安全性能。

4.3 后期养护

清水混凝土浇筑完毕后，需要在一定时期内保持适当的温度和足够的湿度，以满足混凝土的良好硬化条件。为满足这种硬化条件所采取的措施，称为清水混凝土后期养护。温度、湿度及养护延续的时间是混凝土后期养护的三大要素。混凝土性能早期变化较快，后期逐步平稳，这是混凝土性能依时间变化的一个基本规律。施工过程中，对清水混凝土进行适当的养护才能避免出现裂缝、强度低、耐久性差等质量问题，发挥清水混凝土的最佳性能。因此，后期养护对保证清水混凝土性能的实现有着特别重要的意义。

4.3.1 养护和成品保护

位于地面以下的地铁站建筑，需要在清水混凝土浇筑完成后的较长时间内维持适当的温度和湿度，使混凝土有良好的水化和硬化条件。地铁站建筑中的清水混凝土在施工过程中对其表面质量要求较高，浇筑成型后要对其进行严格的质量检验（表4-3）。后期的养护对于清水混凝土来说显得非常重要，只有合理的养护才能保证清水混凝土的整体性和本体性得到真实表达。

清水混凝土外观质量与检验方法　　　　表4-3

项次	项目	普通清水混凝土	饰面清水混凝土	检查办法
1	颜色	无明显色差	颜色基本一致，无明显色差	观察
2	修补	少量修补痕迹	基本无修补痕迹	观察
3	气泡	气泡分散	直径不大于8mm，深度不大于2mm，每平方米气泡面积不大于20cm²	尺量
4	裂缝	宽度小于0.2mm	宽度<0.2mm，长度≤1000mm	尺量
5	光洁度	无明显漏浆、流淌及冲刷痕迹	无漏浆、流淌及冲刷痕迹，无油迹、墨迹及锈斑，无粉化物	观察
6	孔眼	—	排列整齐，空洞封堵密实，凹孔菱角清晰圆滑	观察、尺量
7	明缝	—	位置规律、整齐，深度一致，水平交圈	观察、尺量
8	禅缝	—	横平竖直，水平交圈，竖向成线	观察、尺量

（来源：作者改制）

清水混凝土养护一般采用某种特定措施对其表面补充水分从而减少其蒸发所带来的损失，多采用"包覆方法"，直接进行洒水保持清水混凝土湿润。在地铁站建筑中这种传统的养护方法不能起到很好的养护效果，不仅浪费大量物品，往往还会造成清水混凝土表面龟裂和起砂，甚至影响结构强度和整体效果，不符合可持续发展的要求。地铁站建筑中的清水混凝土在养护过程中需要注意以下几点要求：

①地铁站建筑中的清水混凝土在拆模后要快速进行保湿蓄热的养护。为了使新浇筑的清水混凝土始终处在一个潮湿的环境中，在保证降温速率和内外温差在合理范围内，采用在表面涂刷水性养护剂，并用彩条布、保温棉毯等材料覆盖。北京地铁15号线大屯路站在清水混凝土饰面墙体浇筑完毕后，带模养护

24h 后才可进行拆模，拆模完毕后，则快速用塑料薄膜进行包裹养护，养护龄期不低于 14d。

②地铁站建筑中的清水混凝土结构可分为横向结构和竖向结构两种，其中竖向结构应用得最多。由于竖向结构养护比较困难，同时在操作过程中容易出现墙面发花、色彩不均匀等状况，为了防止这种情况发生，禁止使用淋水养护直接喷淋到清水混凝土表面。如果清水混凝土必须要求水润，则应喷洒雾状水，以营造出潮湿的小环境。深圳地铁 11 号线的塘尾 – 桥头 – 福永高架桥站，其墩柱采用的是 C40 清水混凝土，拌合物坍落度为 140 ~ 180mm，含气量则小于 4%。在对地铁车站后期清水混凝土养护过程中，常采用覆盖塑料薄膜洒水养护的方法，从而使清水混凝土表面时常保持湿润，同时养护的时间不低于 14d。拆模后立即进行养护，防止清水混凝土的表面出现色差。

③在对地铁站建筑墙体进行施工时，对于处在同一视觉范围之内的清水混凝土，除了采用相同的养护措施之外，还必须要求不得采用养护材料和养护剂，否则会对清水混凝土的表面产生污染。此外，在对地铁站建筑清水混凝土进行浇筑时，应妥善保护好其已浇筑的相邻清水混凝土，同时后续的施工活动不得损伤和污染成品的清水混凝土。

④在进行后期养护时，应将多层板、塑料等硬质材料用到清水混凝土易磕碰的阳角部位进行保护，从而避免出现掉角的情况。此外，也要注意严禁对成品清水混凝土表面进行随意剔凿，如果必须要进行剔凿，应制定专项的施工措施。济南地铁 3 号线王府庄站由于车站两端距离很长，后期养护过程中采用垫衬等硬质材料对阳角进行保护，最终呈现出来的镜面效果明显，线条棱角分明，色泽一致。

4.3.2 修补和后期涂装

清水混凝土作为一种可塑性材料，可以用最纯粹、简单的语言来表现建筑效果，而在地铁站建筑清水混凝土修补和后期涂装中，不仅要呈现出美好的外观，而且要避免产生大的瑕疵；对于难以避免或施工不当出现的局部缺陷，则需对其进行少量修补。修补过程中要遵循越少越好的原则，只对必要的缺陷部位进行修补，同时修补要保证不留痕迹，而且修补的位置要保持与原来的色调保持统一。

①修补材料选择：一般情况下，地铁站建筑中清水混凝土待修补的面较小，由于地铁站施工是用水泥基材料进行修补，那么需要提前对修补面进行湿润，使其始终处在一个潮湿且不留积水的环境中。

②气泡修理方法：清水混凝土面上的气泡如果呈现出细小均匀的情况，而且符合质量标准要求，那么就无需进行修补。气泡如果偏大而且影响外观，则需要用胶泥对其进行修补。修补之前，需要充分湿润待修补的清水混凝土面，在将表面水分擦干后，需用胶泥收平表面、嵌刮填补以及覆盖补浆。在将胶泥进行硬化之后，需要继续用水砂纸打磨平顺，然后用水冲洗干净和保湿养护。

③螺栓孔表面浮砂清理办法：在地铁站建筑混凝土施工中如果没有封堵好螺栓孔眼，那么就会在其孔边出现起砂，此时应该把螺栓孔眼表面的浮砂清理干净，在将其进行湿润和擦净余水后，再把螺栓堵头放回螺栓孔中。紧接着需要用刮刀刮平周边的混凝土面，等到砂浆硬化后，将清水混凝土表面浮浆擦拭干净取出堵头，再用水砂纸对其进行打磨、保湿养护。

④螺栓孔的处理：当使用三节式螺栓时，清水混凝土需要包裹住中间的一节螺栓，同时拆除掉位于两端的锥形接头，对其进行湿润和擦净余水后，使用配置好的水泥砂浆进行分批次嵌填封堵，最后用封孔模具进行修饰。

⑤明缝处对胀模、损坏以及错台的处理：错台同禅缝进行协同处理。应该在明缝的位置对胀模和损坏进行拉通线处理，同时对超出的部分进行切割处理。在明缝上下阳角损坏的部位，应先清理掉松动的混凝土和浮渣，再将明缝条嵌进明缝内。将配置好的水泥砂浆对处理部位进行一定程度的填补，然后对上下部位进行分次处理，最后用刮刀压实和刮平。砂浆凝结完之后，将明缝条取出，将被污染的混凝土表面擦拭干净。

⑥涂刷透明保护涂料：在对清水混凝土的耐久性进行设计时，不需要提前考虑透明保护涂料的作用。这种透明涂料的作用是防污染、防水、保持清水混凝土表面自然质感以及表面色泽一致等，同时它也能提高清水混凝土的耐久性。对于地铁站建筑中的装饰清水混凝土，应将涂刷透明保护涂料作为最后一道工序。同时，透明保护涂料应具备耐风雨冲刷、防紫外线照射、冷热交替、抗冻及具有良好耐久性等能力。

⑦保持表面清洁：在对地铁站建筑中的清水混凝土面修补完成后，需要用清水冲洗掉清水混凝土表面的浮灰等污染物，使其表面保持清洁，待表面干燥

之后，涂刷透明保护涂料即可。

⑧使用涂料的修补方法：所有涂层的稀释剂、材料保证属于同一个系列，严禁进行随意的更改，目前应用最多的材料是水性氟碳涂料。此外，涂刷透明保护涂料 24h 后，要保证涂刷层不处于雨淋、风吹、碰撞、暴晒以及扬沙的环境中，这样才能保证涂层达到较高的质量标准。

第 5 章

混凝土在地铁建筑中的形态表现

　　形态表达是一种立体化的艺术形式，是对结构形式、材料特征、建造过程的综合表达，其在符合美学规律的基础上，合理使用建筑艺术语言，使地铁站建筑在具有实用价值的基础上具有文化和审美的价值。地铁站建筑设计从材料建造的角度为出发点，通过平面布置、表皮关系和结构形式中的构图、尺度、比例、虚实、色彩等多方面的考虑和处理形成了一种特殊的空间环境。清水混凝土与地铁站建筑设计密切融合，挖掘其材料内在特性，控制施工质量，表达出特定的形态特色，渲染出特有的空间氛围。

5.1 材料混合

在当今建筑设计多元化的背景下，不仅要注重单一材料的挖掘，还要加强多种材料之间叠加的逻辑关系。每种建筑材料都具有独特的建筑语言，表现出不同的艺术特色，多种材料的组合和相互作用能够形成一定的空间结构，最大程度上拓展设计工艺，既发挥材料各自特点，又增强材料有机组合到一起的混合艺术效果。现阶段地铁站建筑空间环境相对单一，各城市中的各个站点装饰风格大同小异，缺乏个性和丰富的建筑艺术表现，多种材料的混合为地铁站建筑空间环境发展提供了新的思路。

5.1.1 清水混凝土与玻璃结合

玻璃具有光滑平整、晶莹通透的特殊材质特征，不仅可以通过光线还可以将周围环境景观倒映出来。玻璃的通透性与清水混凝土的厚重感产生明显的虚实对比，利用玻璃的通透性可以将建筑内部的清水混凝土结构形式和空间环境清晰表现出来，这对改善地铁站建筑空间较为封闭、导向性较差的问题尤为重要。现阶段玻璃在地铁站建筑中应用较多，作为站台空间分隔站台区域和列车行驶区域的玻璃隔墙，保障乘客安全，也隔绝列车行驶带来的气压变化，还作为楼梯扶手的侧板、咨询服务室的隔墙、控制室与乘客使用空间的隔墙、垂直电梯的围护墙等部分（表5-1）。

玻璃材料在地铁建筑中的应用　　　　　　　　　　表5-1

应用部位	安全门	电梯围墙	楼梯侧板	安全隔墙
照片				
站点名称	车公庙站	南山站	皇岗口岸站	灵山卫站

玻璃和清水混凝土在地铁站建筑中混合应用最重要的两个位置是出入口空间和采光天井，清水混凝土的坚固与玻璃的透光性完美结合，让光线照射进地铁站建筑中，既表现出坚固与通透、沉重与灵动的对比，也增强了空间环境的光影关系，加强地铁站建筑内的形态表达。在伦敦地铁银禧延长线的金丝雀码头站的入口空间，浅灰色的清水混凝土材料作为基座，支撑金属框架结构，深蓝色的玻璃呈弧形作为入口空间的遮棚，通过玻璃将日光吸入大厅，照射到清水混凝土侧墙和柱子上，光影斑驳的清水混凝土表皮让站内空间更加富有生机（图5-1）。

另外一种形式就是在基地条件允许的情况下，在地铁站建筑中设置采光天井或采光中庭，一般在天井或中庭处使用玻璃材质进行开大面积天窗，将自然光线引入地铁建筑内部。在深圳地铁7号线皇岗口岸站的转换空间中设置了两个采光天井，浅灰色的清水混凝土立面保留了模板禅缝和安装孔洞与倾斜天窗相连接，达到了静与动的统一，太阳光线透过玻璃照射到素净的混凝土表面形成光影的交织，增添了空间的趣味和变化。同时光线的引入，也让转换空间更加具有指向性，方便乘客辨别方向（图5-2）。

在地铁站建筑中为方便特殊乘客的使用，会按照规范要求布置垂直电梯。在使用清水混凝土材质建造的地铁站点中，一般有两种布置形式：一种是用混凝土材料浇筑垂直电梯井的四周结构，然后预留电梯门；另一种是以金属为框架，四面用玻璃材质围护的电梯形式。青岛地铁13号线灵山卫站中的垂直电梯就采

图5-1 金丝雀码头地铁站入口空间玻璃材质应用

图 5-2 皇岗口岸地铁站转换空间采光天井

图 5-3 灵山卫站、南山站内垂直电梯

用第二种形式，为与整体的空间氛围协调一致，选用棕黄色的玻璃围护材料；深圳地铁 11 号线南山站则采用浅绿色的玻璃与淡灰色的清水混凝土进行搭配（图 5-3）。玻璃材质的视觉穿透特性，让原本导向性较差的地铁建筑空间变得视野开阔，玻璃和清水混凝土材质共同具有简洁的特点，玻璃的虚与清水混凝土的实产生强烈的视觉对比，两种材料的搭配使用尽显清水混凝土的结构之美和细节之美。

5.1.2 清水混凝土与金属结合

工业革命以后，金属材料被不断改进和在建筑上尝试应用，这使建筑造型更加灵活和多样，也使得建筑有了大批量生产和加工的可能。清水混凝土与金属材料有着相同的冰冷色调和坚硬质感，同时清水混凝土的沉重感与金属材质的灵活形式对比,两者混搭在一起能产生无数的可能性和艺术效果。在地铁站建筑空间中,采用不加修饰的清水混凝土作为建筑主要材料时,更加需要金属材质去补充清水混凝土所不能完成的节点构造,清水混凝土与玻璃的混合节点全部需要金属材质的参与,金属材质首先与清水混凝土连接,然后玻璃再与金属材质连接。金属材质在清水混凝土地铁站中可应用在出入口空间、设备管道、建筑细部、导向标识、景观小品等处,塑造出独特的视觉效果和空间形态表达。

因清水混凝土材料为一次浇筑施工完成,拆模后不做过多修饰,所以需在设计阶段就将管道系统完备,并在施工过程中严格控制,如通风系统和空调系统管道横断面较大,不宜放在混凝土结构内部,多采用直接裸露的布置形式,复杂的金属管道和支撑结构与简洁的混凝土营造出"工业风"的空间氛围。在西班牙毕尔巴鄂地铁车站和青岛地铁 13 号线灵山卫站的站台空间都选择直接暴露的金属设备管道(图 5-4),富有工业美感的金属管道和表面光滑纯净的清水混凝土混合,是简与繁的搭配,也是清水混凝土沉重感与金属灵活轻盈感的碰撞,在建构语境视野下两种材料在地铁站建筑中表达了空间的"工业"氛围。

清水混凝土浇筑完成后,若发生碰撞或表面损坏,修复过程会非常困难,因为很难做到严丝合缝且色彩一致的修补;但若不修复,将会严重影响清水混凝土的美观,例如在深圳地铁 1 号、7 号、9 号、11 号线的换乘处车公庙站中,因开发时期较早,缺乏合理的保护措施,所以造成了现状空间环境较差的情况(图 5-5),所以在地铁站建筑中若易发生磨损或碰撞的部位,一般会设置金属材质进行保护。在南山站和金丝雀码头站中为保护清水混凝土柱子,在其下端外表包裹一层金属表皮(图 5-6),其他很多使用清水混凝土材料的

图 5-4 西班牙毕尔巴鄂地铁车站、灵山卫地铁站内金属管道

图 5-5 车公庙地铁站 11 号站台内清水混凝土柱瑕疵

图 5-6 南山站、金丝雀码头站中金属材质包裹清水混凝土柱子

地铁站都会在踢脚线位置布置金属表皮防护，或者是安装隔离圈，禁止乘客或物体靠近清水混凝土结构。金属材料的灵活明亮感和清水混凝土的沉重感产生较为强烈的对比，让清水混凝土柱子打破原有单一的形象，清晰的构件处理也表现出建造的严谨性。

金属材质也可以作为景观小品在地铁站建筑中与清水混凝土材料结合，在深圳地铁 7 号线皇岗口岸站的天井空间，采用了 5 种颜色的金属线，通过一定的编制手法，形成了一条巨大的绳索，明亮的色差与清水混凝土墙体作为对比，给人以巨大的视觉冲击力，在地铁站建筑中用绳索寓意着联结、团结、互利、凝聚的深圳精神（图 5-7）。在苏州轨道交通 1 号线星湖街站使用大面积的清水混凝土侧墙和柱子，在其站台空间中设置很多清水混凝土和金属混合的构筑物，像座椅、照明灯架和残疾人辅助设施等，充分结合和发挥两种材料的优良性能，

图 5-7 皇岗口岸站中金属与清水混凝土材料混合

图 5-8 苏州轨道交通 1 号线中金属与清水混凝土材料混合

在满足使用要求的基础上，丰富空间环境，增加地铁站建筑的个性特色（图 5-8）。这种金属构建形式与使用清水混凝土的地铁站建筑结合，表达出特定空间氛围。

5.1.3 清水混凝土与木材结合

木材具有天然的纹理和色彩形式，能够让人感到亲切和温暖，将木材置于清水混凝土结构之上，通过温暖和冰冷、坚硬与柔和的巨大反差，营造出静谧的独特空间氛围。地铁站建筑多位于地下，具有建设的不可逆性，一般地铁站建筑的设计预期使用年限都在一百年以上,且作为公共交通类建筑,使用人群数量较多、频率高,所以选材原则一般具有良好的耐久性和耐磨性。地铁站建筑内空间多采用机械通风,空气中湿度较大,并缺乏自然光照,木材易燃、易朽、干缩湿胀等特性导致其并不完全适合在地铁站建筑中应用,所以在使用清水混凝土材料的地铁站建筑中现阶段还没有结合木材建造的案例。但以上各种因素并没有阻止设计师追求木材独特纹理效果和自然木质色彩的想法,所以就延伸出利用轻质铝板等金属材料模仿木材表现效果和将清水混凝土浇筑成具有木材纹理的表皮肌理这两种思路。

深圳地铁7号线皇岗口岸站中柱子、梁、楼板和立面墙体均采用清水混凝土材料,在设备管道下侧采用模仿木材的金属铝板进行吊顶装饰,暖色调的仿木铝板与冷色调质朴的清水混凝土产生强烈色彩的对比,并结合灯光设计,让站内空间更加明亮,丰富空间氛围和站点特色。整体吊顶设计采用菱形的框架结构,减少装饰材料用量,符合可持续的发展理念,仿木铝板在衔接上也模仿木构材料的搭接形式,并满足镂空率和方便后期管道维护要求(图5-9)。伦敦地铁萨瑟克区站是精心设计的清水混凝土建筑,墙体表面都经过高抛光处理和仔细地雕琢,在站台空间沿中线排列呈卵圆形并带有一定角度的清水混凝土柱子。在地铁站建筑的入口空间和站台空间都使用了仿木金属板,在站台空间两侧分别布置对称的斜向长条形片灯,并在片灯两侧分别布置成角度的仿木金属板,淡灰色的光滑清水混凝土、明亮的光源与温暖的仿

图5-9 皇岗口岸站中金属与清水混凝土材料混合

图 5-10 伦敦地铁萨瑟克区站中金属与清水混凝土材料混合

图 5-11 仿木清水混凝土材料表皮肌理

木金属板混合在一起，让空间变得自由和流畅，将该站点设计成为具有现代化的、充满活力的乘车场所，为乘客带来欢乐和喜悦的旅程体验（图 5-10）。清水混凝土与仿木材料通过综合设计和精细化的构造，真实表现出材料混合建造后的地铁建筑空间环境。

  清水混凝土的木纹肌理是建筑施工过程中与在清水混凝土交界处应用木质模板或者具有木材质纹理的其他材料模板，在清水混凝土凝固后拆除模板，得到的具有自然木质纹理的清水混凝土表面肌理，让原本单一、冷峻的清水混凝土形象变得既清新脱俗，回归自然，又不失清水混凝土的庄严感和厚重感（图 5-11）。

5.1.4 清水混凝土与其他材料结合

另外在应用清水混凝土材料的地铁站建筑中还与石材、工程塑料、琉璃瓦等建筑材料混合使用，不同材料在同一空间中混合使用，会产生独特的艺术表现。石材是最为原始的建筑材料，因石材密度较大，不利于大规模长途运输，所以建筑中应用的石材多产自建筑周边区域，带有浓厚的地域特征和历史文化感。清水混凝土与石材在地铁站建筑中使用时，石材多因坚固、耐磨、抛光后表面光亮等特性作为站内地面铺装，与清水混凝土混合两者会产生厚重结实、冷峻严肃的空间特征。

随着工程塑料防火、易弯曲、透明、耐久等性能的完善和提升，在地铁站建筑中使用频率越来越高，其独特的材料性能与清水混凝土产生前所未有的空间氛围。青岛地铁 13 号线灵山卫站中，在转换空间两侧的设备管道处应用黄色方形工程塑料将关系包裹，并在工程塑料框中布置灯光，让光线通过黄色的工程塑料照射到建筑空间和清水混凝土墙体和柱子上，光滑细腻的清水混凝土表面呈现出淡黄色，整个空间环境变得愉悦欢快，打破了地铁站建筑空间的沉闷感。

琉璃瓦具有稳定的物理性能和化学性能，能够对建筑表面进行装饰和保护，颜色和形式种类多样，满足建筑表皮个性化和丰富性的要求，具有很强的时代感。在琉璃瓦使用盛行的 20 世纪后期，也广泛应用于地铁站建筑，我国广州地铁 1 号线中很多站点在站内空间全部采用淡黄色和粉色的琉璃瓦贴面；荷兰阿姆斯特丹东线地铁站点改造中也采用色彩丰富的琉璃瓦；在东线 5 个地下站点的改造过程中，就对原"野兽派"的清水混凝土材料进行部分保留和修复，并新增加易于清洁的琉璃瓦进行装饰，这就营造出清水混凝土与琉璃瓦混合的站内空间环境。清水混凝土的简洁与整体性和琉璃瓦的色彩鲜艳与拼贴性产生对比，既打破了清水混凝土的单一沉闷，又避免琉璃瓦贴面的繁杂，充分发挥两种材料的各自特征，创造出独特的地铁站建筑空间环境（图 5-12）。

清水混凝土具有简洁、纯粹和冷峻的材料质感，与其他材料混合时具有很强的包容性，蕴含着材料混合的设计思维，体现出构造工艺的美感，并赋予建筑的精神内涵。

图 5-12 荷兰阿姆斯特丹东线地铁站中瓷砖与清水混凝土材料混合

5.2 节点构造

建筑细部是构成建筑整体的最基本元素和最小元件,两者之间包含有一种上下级的架构关系,建筑细部是能够直接表达设计意图的基本构件,需要从设计到施工全过程进行考虑,并且能够直接展示建筑的品质。在建构语境下进行细部设计,从"元素—元件"层级的范围着手,注重全过程的整体考量,并用适当且富有"诗意"的建造手段来进行形态表达。清水混凝土在建造过程中留有施工痕迹,需要对孔与缝的细部进行研究,并对地铁站建筑中较为重要的管线布置的细部进行分析。

5.2.1 孔与缝的精确处理

《英汉词典》中对细部处理的解释为:细小的设计和装饰、大样设计、精加工的较小部分等内容。对于清水混凝土在地铁站建筑中表皮饰面的整体效果研究,除关注色彩和肌理两方面以外,建造过程中的拼接缝、施工缝、沉降缝以及固定模板的对拉螺栓等内容都对最终的表皮效果有影响。地铁站建筑设计和施工过程中在符合建造要求的基础上,应将施工痕迹的孔与缝的处理和细部装饰相联系，展现清水混凝土的形态表达。

明缝是指凹入清水混凝土表面的分割线或装饰线，是一种饰面效果。明缝多设计成梯形，水平方向应交圈，竖直方向应平行、均匀，尺寸一般为20mm×10mm（宽×深）。明缝除装饰作用外，并要结合施工缝、预留沉降缝等一起考虑，有利于避免因墙体开裂而影响视觉效果。

禅缝是因相邻预支模板之间的缝隙在清水混凝土浇筑成型后在表面留下的微小痕迹，地铁站建筑在施工过程中的模板拼缝，后期表现出秩序感和韵律感。为保证整个墙面或柱子表面禅缝均匀，在尽量按照模板标准规格的原则上，根据整个墙面的尺寸确定模板尺寸，并减少不规则模板尺寸的使用。

螺栓孔是施工过程中固定模板的对拉螺栓，在模板拆除后清水混凝土表面留下的孔眼。在地铁站建筑施工过程的模板工程中用对拉螺栓将模板进行固定，在清水混凝土浇筑过程抵抗侧向荷载，并防止模板移动影响表面平整。早期清水混凝土施工完成后，在修复和养护过程中对螺栓孔进行填堵抹平，会影响表面的完整性和统一性；而日本建筑师安藤忠雄系统化地对对拉螺栓进行研究，对孔的位置、大小、后期养护都有严格的要求。

深圳地铁 7 号线皇岗口岸站中转换空间的侧墙处采用标准尺寸的模板组合，每块模板的尺寸 1000mm×2400mm，与施工要求结合按照分层浇筑预留水平向平行的明缝，明缝宽度为 20mm，每块模板上、下两排各 4 个对拉螺栓孔，并保证垂直方向模板之间孔距完全一致，距离为 600mm，螺栓孔的直径为 40mm（图 5-13）。

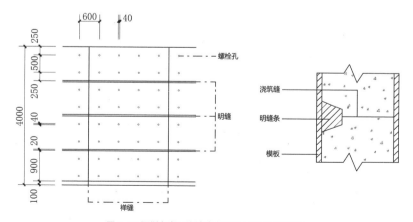

图 5-13 深圳皇岗口岸站清水混凝土侧墙尺寸标注

（a）转换空间　　　　　　　　　　　（b）站台空间

图 5-14 深圳皇岗口岸站清水混凝土柱子

清水混凝土侧墙在充分体现材料本体特征的同时，通过对施工痕迹的保留，利用严谨的缝和孔的秩序感，使清水混凝土墙体达到了力学与美学的完美结合。

该站点转换空间和站台空间的柱子也是使用清水混凝土进行浇筑一次成型，转换空间的柱子尺寸是 600mm×1200mm，每 1000mm 高做明缝分隔处理，并进行抹角处理，抹角的半径为 50mm，利用抹角处理打破清水混凝土的生硬感，并减少大流量乘客使用过程中的磨损和碰撞（图 5-14a）。站台空间的柱子尺寸是 900mm×1550mm，每 900mm 高做明缝分隔处理，分隔处理增加柱子结构的层次感，避免清水混凝土柱子出现单调、刻板形象（图 5-14b）。在建构视野下不具有硬性规定的设计手法要求，忠实地呈现出清水混凝土在地铁站建筑中的应用角色，并体现出设计者的创意表现，利用立面规整的线条分隔和表面质感来保持清水混凝土特有的纯粹性和秩序感。

随社会经济的快速发展，全国开发建设速度飞快，致使我们更多注重建筑功能、空间和外在形式，缺乏对于建筑细部方面的重视，在相关设计环节仅套用国家相关建筑标准图集做法，在施工环节往往达不到精细化的要求。皇岗口岸站中清水混凝土侧墙就出现因浇筑过程控制不当和拆模过程对表皮造成的损坏，导致完整的立面出现瑕疵，大大影响整体美观（图 5-15）。车公庙站中也出现因清水混凝土原材料控制不当使表皮硬度不够和拆模后涂抹防护漆的类型不合适影响其耐磨性和观赏。造成以上现象的原因首先是设计周期过短，缺乏综合性的考虑，对建造全过程的把控度不够；其次是大量"标新立异"的风格化的细部处理，让施工技术难以短时间相匹配；最后是规模化的设计和建造，

图 5-15 皇岗口岸站清水混凝土细部瑕疵

造成手法单一,缺乏精细化精神。所以应重视细部的相关建造问题,在细部的结构、构造、材料的变革能力和表现潜力上投入更多精力。

5.2.2 管线预埋协同设计

根据现有施工水平和专业划分,在地铁站建筑中设备管线多在建筑主体结构浇筑完成后再进行管线布置和设备安装;但在使用清水混凝土的站点中,拆模后在对立面进行开槽或开孔都会影响墙面或柱子的完整性,所以在设计阶段就要将建筑、结构、水、电、暖通等多专业联合进行一体化设计,对照明装置、烟雾报警器、疏散标识广播设备等设备进行孔洞预留以及各类管线进行预埋设计(表5-2)。

地铁站建筑中各专业主要设施分类　　表 5-2

序号	构造节点	主要设施部分
1	与暖通专业相关	空调机房,风管
2	与电气专业相关	照明,消防报警,各级配电,弱电控制,配电箱,开关,插座,疏散指示牌
3	与给水排水专业相关	给水排水管线,消防水管线,喷淋设施,消防箱设施,雨水管设施

地铁站建筑在使用过程中各系统内容繁杂,建筑内部管线较多,若在设计初期未对管线进行合理的规划设计和在施工过程中进行预埋,会造成后期各类管线交织并直接暴露在清水混凝土材料表面,造成墙、柱的整体观感较差,影

图 5-16 深圳车公庙站内各类管线布置

响整个车站的视觉效果。例如深圳地铁车公庙站,由于是 4 条线路的换乘站,并且开发周期较长(2011～2019 年),造成地铁站建筑内部各类管线布置较为混乱,且易产生安全隐患(图 5-16)。

  在深圳地铁 11 号线南山站中采用清水混凝土圆柱,既节省建筑空间,又减少视觉阻碍,使转换空间和站台空间更加美观。该站点在设计初期,对疏散标识、电源插座、紧急停车按钮等设备进行了管线预埋和孔洞预留,保证了柱子表面的整洁和美观。为减少后期管线改动或增加,在设计阶段多次联合各专业进行一体化协调,并运用 BIM 系统进行深化设计,最终确定在站内空间的清水混凝土柱内预埋插座等电力系统、疏散指示系统、AFC 系统、紧急停车按钮等信号控制系统等设备,并全部在施工前期绘制详细预留和预埋的大样图(图 5-17、图 5-18)。

  虽然在深圳地铁南山站设计阶段就对管线预埋进行了充分的考虑,但在后期设备安装和测试过程中,还是发现管线预埋不完全和部分预埋设施使用难以

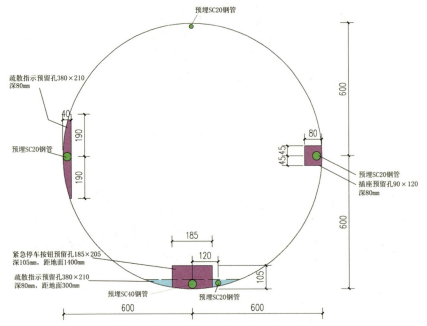

图 5-17 南山站内柱子管线预埋构造（横剖面）

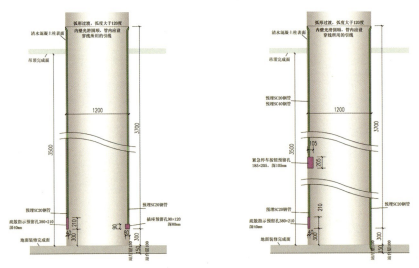

图 5-18 南山站内柱子管线预埋构造（纵剖面）

达到要求的情况，这就不得不进行附加布置，使管线和设备置于清水混凝土表面，这大大影响了清水混凝土柱子的简洁和纯粹的特性（表 5-3）。

表 5-3 深圳地铁 11 号线南山站柱子中管线预埋对比

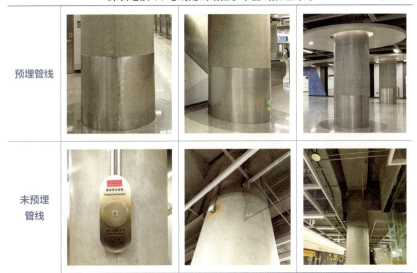

青岛地铁 13 号线灵山卫站中对柱子、屋顶、侧墙全部采用清水混凝土一次浇筑而成，为了既满足管线布置要求（尤其是大管径的通风管线），又保证增大转换空间中清水混凝土表皮的裸露面积，在各专业的协同配合下，将所有管线布置到与列车前进方向平行的建筑两侧，使用新型的工程塑料进行整体包裹，里边包含风管系统、通信管线、照明管线和信号控制管线，但将水管沿侧墙布置在最外侧（图 5-19）。在该站点的转换空间中，简洁而又庄重的清水混凝土材料，配合曲线化的结构形式和规整的管网布置，清晰地表达出空间中各元素的建构逻辑。在该站点中细部与建筑本体之间，由整体逐渐分解至细部，反之由细部组合构成整体，呈现一个系统运作的方式（图 5-20）。

清水混凝土是一次浇筑成型，应用材料自身的表皮效果进行饰面，在设计

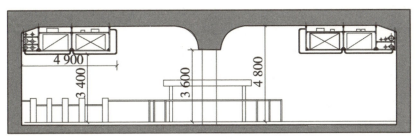

图 5-19 灵山卫站转换空间管网布置图（纵剖面）

图 5-20 灵山卫站转换空间透视图

过程中充分考虑管线优化和布置,并在施工过程中进行合理预埋,可以创造出符合建构文化的整体、简洁、明确和具有诗意表现的视觉空间。但现阶段清水混凝土在地铁站建筑中的应用案例较少,主要是地铁站建筑管网复杂,国内缺乏能够在设计阶段将各类设备管线协调统一处理并在施工阶段进行精确预埋的单位。考虑到清水混凝土绿色环保的特性,应用建构的思维重新审视管线布置,合理组织各类管线秩序,充分发挥清水混凝土和各类管线之间的本体性和表现性,使其在符合使用要求的前提下实现真实性表达。

5.3 艺术表现

正如美国建筑学家肯尼斯·弗兰姆普顿所提出的:建筑的一切都需要通过建造表达出来……通过建造来展现空间的特点。"建构"的核心理念是抵制独立的形式主义和纯粹的形式美,其认为形态是建造结果反映的形式美。清水混凝土在地铁站建筑中与设计密切融合,要不断探索结构、材料与建造的可能性,并控制施工质量,表达出特定的情感和渲染出特有的氛围。

5.3.1 塑性空间的视觉演绎

材料的合理运用的最终目的是创造空间，在地铁站建筑中应用清水混凝土建造，并不是进行单一的浇筑以满足承担荷载的要求，使其堆砌为没有情感的物体；而是要对空间中的点、线、面、体等元素进行合理的组合，从而赋予地铁站建筑丰富的情感，各元素是依据建构逻辑对材料、结构和建造的真实表达。古罗马万神庙是清水混凝土形态表达的典范，该建筑是单一空间的集中式构图，清水混凝土依靠其可塑性在合理的结构形式下生成巨大的穹顶，静谧的光线从穹顶圆洞射进来，五圈深深的凹格烘托出混凝土空间的永恒氛围，这种氛围是在清水混凝土材料本身以及建造技术的共同作用下表达的。

随着以地铁为主的城市轨道交通的快速建设，并在建造过程中采用新技术、新材料，并赋予地铁站建筑空间不同的主题，现在易出现装饰过度、缺乏深层次把控的倾向。以济南地铁 R3 线为例，济南地铁 R3 线的正式开通时间是 2020 年，在设计和建设过程中给每个站点赋予不同的主题（表 5-4），首先值得肯定的是通过不同的装修，让每个地铁站建筑具有差异化，增强各站点的可识别性，在一定意义上宣传了济南市的城市形象和历史文化；但在设计过程中对地域特色和装饰装修表达进行了过度的渲染和阐述，使其在绿色可持续发展的社会大背景下显得不协调。当前，社会科技快速发展，新材料、新技术、新形式也随之不断发展，当下的主流文化可能五年或十年后将变得落伍，甚至可能被时代所淘汰，以广州地铁为例（表 5-5），经历了二十多年的发展，基本每十年可以划分为一个时代，从最初西塱站中的瓷砖贴面到南海神庙站中不锈钢材的镂空雕刻，从基本的外漏管线铺设到所有管线全部隐藏在装饰面材内，这不仅是技术的转变，也是社会发展的转变，同时包含着我们审美意识的转变，在可以预测的几年后，我们会感受到当今最新奇的装饰也将变得普通，甚至落伍。由以上可以看出建构语境下重视材料本质特征和对建筑结构真实表达的重要性，运用清水混凝土并遵循建造过程的表达，创造"诗意"的空间，探究精神层面的内涵。

表 5-4 济南轨道交通 R3 线中部分站点的装饰内容

站点名称	奥体中心站	八涧堡站	丁家庄站
照片			
主题	体育精神 动感济南	文化遗址 历史长河	活力舜城
站点名称	龙奥大厦站	裴家营站	龙洞站
照片			
主题	四面荷花三面柳 一城山色半城湖	霓裳青云 食在泺上 安居之城 未来之行	自然生态

表 5-5 广州地铁各时期站点中装饰内容

站点名称	1号线西塱站	4号线万胜围站	13号线南海神庙站
照片			
开通时间	1997 年	2005 年	2017 年

20世纪下半叶，清水混凝土在建筑塑性空间方面被不断挖掘和发挥，使其本体性和表现性不断被认可和产生共鸣。勒·柯布西耶在其作品建造过程中强调保留施工痕迹，赋予建筑空间一种粗野的意象，追求原始粗犷和朴实厚重的雕塑效果。正是他的不断尝试使清水混凝土依据朴素的质感获得"人工石材"的称号，被后世建筑师广泛应用和探索，逐渐成为一种"天然材料"。路易斯·康运用清水混凝土创造"诗意"空间，并在设计和建造过程中遵循结构要求和建造规程进行创新设计，在结构表达和围合表皮之间确定一种整体性的平衡，使材料、结构、构造与纪念性的形态表达相融合，将清水混凝土的应用推上更高层次。安藤忠雄则是将清水混凝土的塑造凝固成一种场所精神，借用清水混凝土极简清晰的结构、雅致的营造和细腻的表达与大自然的融合，体现出东方文化特有的气质和底蕴。安藤忠雄使清水混凝土彻底摆脱了"粗野"的风格，通过对材料制备、预制模板、养护等建造全过程的改善，使材料营造更加自由，更加静谧（表5-6）。

建筑师对清水混凝土的应用设计　　　　　　　　表5-6

建筑师	勒·柯布西耶	路易斯·康	安藤忠雄
照片			
作品名称	朗香教堂	SALK研究中心	光之教堂

地铁站建筑是城市居民使用频率较高的公共建筑，面向乘客使用的部分空间要求较为通畅，减少视觉阻隔，增强导向性，且该部分空间功能也较为单一。在地铁站建筑中以清水混凝土为主要材料，通过简洁的材料应用和构造，力图清晰明确地表达出空间构成背后所隐藏的设计意图，塑造出建筑空间形态的纯净。以下汇总了国内目前仅有的四座使用清水混凝土并不附加修饰的地铁站点，选取各个站点中较为有代表性的角度展示以建构文化为核心，对材料、结构、建造真实反映的建筑空间氛围（表5-7、表5-8）。清水混凝土在地铁站建筑中应用是一种特殊的空间构成形式，表达了庄重、静谧的空间形态，其材料质感厚重、稳固，但不显呆板、沉闷，其氛围冷峻但不失高雅和理性，具有切合的艺术表现，并满足人们的空间需要和审美需求。

国内各应用清水混凝土的地铁站点空间环境 表 5-7

站点名称	青岛 13 号线灵山卫站	深圳 11 号线南山站
照片		
站点名称	深圳 7 号线皇岗口岸站	广州 5 号线动物园站
照片		

国内各应用清水混凝土的地铁站点空间形态 表 5-8

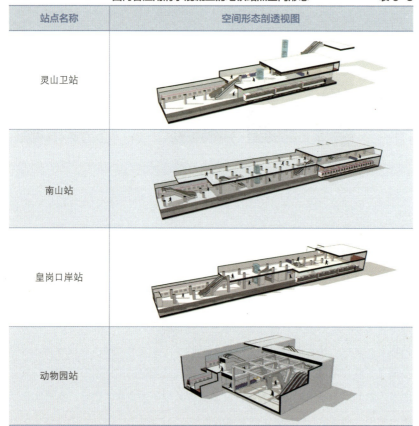

站点名称	空间形态剖透视图
灵山卫站	
南山站	
皇岗口岸站	
动物园站	

青岛地铁13号线灵山卫站是北方地区首次在地面以下站点中大面积使用不加修饰的清水混凝土，在其站点中顶板、梁、柱子、侧墙全部是土建施工过程中一次性浇筑而成的。该站点的结构体系是列车行驶的垂直方向两跨设计，在转换空间采用对称式弧形拱的建构元素，该结构形式充分发挥了清水混凝土的塑性特征。建筑内采用截面为椭圆形的柱子，减少空间的视觉阻碍，增加空间通畅感。最终该站点内的结构体系采用两边侧墙加中间一排柱网的竖向承重体系与整体式的塑性屋顶组合方式，保证结构支撑的表达与围合装置之间的整体平衡，浅灰色的清水混凝土与明确简洁的结构形态表达出具有纪念性的空间氛围，像路易斯·康所推崇的建造诗意的柏拉图主义。

深圳地铁7号线皇岗口岸站是连接深圳与香港的重要口岸，担负着展示城市形象的重担，是清水混凝土使用的试点站。应用参数化的设计手法，柱子、侧墙、天花板造型均采用冷水色调的清水混凝土，演绎建筑空间的质朴感。该地铁站建筑在建构语境下真实性地表达，应用精细化的模板接缝处理，并以严谨的施工控制，在脱模后真实地在侧墙和柱子预留施工痕迹，清晰的明缝预留、规整的螺栓孔排布和禅缝的打磨处理，配合以采光天窗的预留，给建筑空间以简洁、规整、多元化的形态表达。

5.3.2 光影序列的知觉体验

自然光线是具有感情氛围的，是人类认同的基础，也是建筑内部空间接触自然环境的重要途径，尤其针对位于地面以下的地铁站建筑显得尤为重要。建筑师要在空间环境中增加激励人类精神的内容，使人类精神得以刺激、停留和凝华，将自然光引入以增加空间的戏剧性与弱化原有的"冰冷感"。结构是自然光线进入建筑的关键，结构能够造成建筑开口，这便是自然光线进入的起源。光影是显现建筑空间氛围的重要手段，清水混凝土在地铁站建筑中统一、均质的表面是展示光影关系的背景，其中清水混凝土的可塑性、丰富的表皮特征和朴素的色彩质感等本体性，更有利于光影关系的展示。

光影是人们视觉环境语言中最重要的因素，在物体之间的相互联系中获得意义，丰富人们精神层面的享受。伦敦地铁金丝雀码头站被称为"现代主义运输大教堂"，不仅是因为它具有30多米的高度和300多米的长度所形成的巨大空间，更是因为清水混凝土与光影关系的处理。七根高耸的椭圆形钢筋混凝土柱子从站台平面延伸到屋顶，与鸥翼形的肋骨架屋顶结构相衔接，结构关系简单明确，并且站台平面、柱子和屋顶结构全部为现浇的清水混凝土，具有不加任何修饰的自然饰面，完全符合当代建构文化。在地铁站建筑的两端和中间是半卵形的玻璃穹顶，光线可直射，太阳光照透过玻璃，将金属框架的阴影打在清水混凝土的表面上，营造出光影错动的景象。在地铁站建筑内部将自然光集中在这3处位置，不仅可以增强方向性，起到引导作用，还与扶梯相结合，乘坐扶梯时可营造出直达天空的氛围，与卡特伯雷大教堂中的十字架十分相似。结构的特殊设计、光线的特点把控与清水混凝土的精确施工结合，让建筑物充满庄严、静谧和沉稳之感，营造出探寻古典的秩序性和穿越时空限制的纪念性的形态特征（图5-21）。建筑师利用光影的变化和清水混凝土的素雅让自然环境融入地铁站建筑空间环境，表达出独特氛围的空间形态。

匈牙利布达佩斯M4线的弗瓦姆广场地铁站是公共交通类建筑中应用清水混凝土营造空间和自然光静谧对话的典范，此营造手法是对罗马万神庙空间氛围的敬仰。该地铁站点是一个盒子状的空间结构体系，4层清水混凝土梁柱将建筑支撑起来，其中3层和墙面犹如骨骼或骨骼系统（图5-22），自然光线通过地面附属天窗设施照射到地铁站内部的清水混凝土梁柱结构上，随每日自然光的变化，在一定条件下能够照射到站台上，光影关系创造出愉悦的建筑空间，为城市提供

图5-21 伦敦金丝雀码头地铁站内部透视图

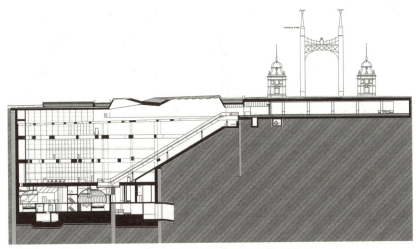

图 5-22 布达佩斯弗瓦姆广场地铁站剖面结构形式

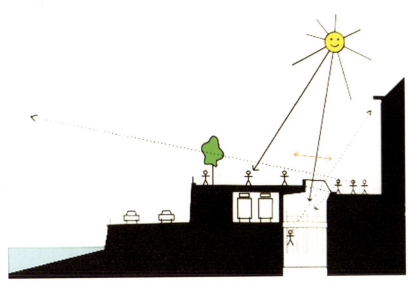

图 5-23 布达佩斯弗瓦姆广场地铁站采光示意图

独特形式的公共活动场所（图 5-23）。清水混凝土朴素的特质结合独特的结构体系加以严格的施工控制，配合自然光线，表现出独特的建筑形态和空间氛围，符合现代简约的审美倾向。在该地铁站建筑空间中没有过度的修饰和特殊主题象征意义，其追求的是在建构语境下地铁站建筑的真实性（图 5-24）。

图 5-24 布达佩斯弗瓦姆广场地铁站内部空间

以上从空间构成、细部处理和材料混合 3 个方面出发，依据现有应用清水混凝土的地铁站建筑案例，分析清水混凝土在地铁站建筑空间中的真实性表达和在光影序列下的空间知觉表达，分析清水混凝土在地铁站建筑中的细部构造，展示清水混凝土与其他建筑材料之间组合的视觉表达，这不仅仅是对以往建筑研究从形式和风格入手的补充，也是对清水混凝土情感表现能力的深入挖掘。

第6章

混凝土在地铁站中的应用实例

6.1 广州地铁 5 号线动物园站

广州地铁 5 号线贯穿旧城中心区、广州市中心组团和珠江新城 CBD，大致呈东西走向。其中位于广州老城区内的动物园站是一个深埋 3 层的明挖站点，站台采用了地下叠落侧式。

在结构方面，动物园站在水平方向分为转换空间和站台 空间，转换空间为横纵各 4 跨的方形空间，在两侧设置乘客前进的夹层，剩余横纵各 3 跨为上下两层的通高空间。在该站点内部的夹层空间采用清水混凝土柱子和清水混凝土侧墙，在通高空间为支撑结构并减少视线阻隔，将原有 4 根清水混凝土柱子变成两个"Y"形承重柱，独特的承重体系在地铁站建筑空间中很好地展现了清水混凝土的可塑性和力度特征（图 6-1）。

图 6-1 地铁站中庭空间

图 6-2 混凝土承重柱

图 6-3 屋顶局部

图 6-4 地铁站站台层

图 6-5 地铁站走廊

在材料方面动物园站采用灰度较深的清水混凝土，因建造过程技术有限也为结合周边动物园的自然生态环境，其表面纹理较为粗犷，也有材料搅拌不均的现象，并在成型后的材料表面涂抹较亮的防护剂，对光线具有很强的反射作用。动物园站建筑内部使用大量金属材料与清水混凝土结合，既满足建筑使用需求也丰富了空间环境，在柱头、侧墙、夹层、电梯等处全部使用金属材料，满足管线布置、空间导向、设备通讯、照明等需求，并在清水混凝土顶板上布置白色金属板作为修饰物，缓解深色清水混凝土带来的压抑感（图 6-2～图 6-6）。

图 6-6 地铁站内部空间

在空间构成方面，该地铁站建筑充分结合用地条件和地铁线路运行情况，将转换空间和站台空间水平布置，营造独特的双层叠落式转换空间。通过设置夹层来满足乘客正常的交通需求，利用层高不同来划分付费区与非付费区范围；通过清水混凝土材料、结构和建造的真实表达，表现出独特和壮观的空间氛围。

6.2 青岛地铁 13 号线灵山卫站

青岛地铁 13 号线经由青岛西海岸新区东部城区、西部城区与董家口经济区,大致呈东北至西南走向。其中的灵山卫站是明挖两层站点,站台采用岛式布局。

在结构方面灵山卫站设计之初对客流量进行预测,根据其客流量设置地铁站建筑规模,该站点为两跨布局,两侧为清水混凝土墙体,中间布置一排清水混凝土柱,为减少视线阻隔和方便布置楼梯与电梯,将柱子截面设置为与列车前进方向平行的椭圆形,并在梁板交接的位置以弧形将其连接为一体(图 6-7)。

在材料混合方面,灵山卫站中有多种材料与清水混凝土混合使用,例如有玻璃、金属和工程塑料,为了与整体空间氛围协调,垂直电梯选用棕黄色的玻璃作为围护材料,增加空间通透性和减少视觉阻隔;站台空间两侧分别使用金属材料作为围护结构包围各类管线,富有工业气息的金属管道和表面光滑纯净的清水混凝土混合,是简与繁的搭配,也是沉重与灵活轻盈的碰撞;转换空间两侧由应用工程塑料将各类管线包围,人工照明光线透过黄色的工程塑料散射到地铁站内的清水混凝土墙体和柱子上,使光滑细腻的清水混凝土表面呈现出淡黄色,营造出空间的欢乐愉快氛围(图 6-8)。

在表皮饰面方面,灵山卫站整体选用灰度较浅的清水混凝土,表皮肌理光滑细腻,在灯光透过黄色设备维护层照射在清水混凝土表面,营造出温暖、热情的氛围,与青岛西海岸柔软的黄金沙滩相呼应。同时在站台空间放置了两组彩色清水混凝土预制构筑物,为候车人员提供乘坐休息,颜色为淡黄色和乳白色,两两对角咬合连接在一起,三组构成一个整体(图 6-9 ~ 图 6-12)。

图 6-7 地铁站站厅

图 6-8 地铁站站台层

图 6-9 自动售票处　　　　　　　　图 6-10 拱形结构

图6-11 混凝土座位　　　　　　　　图6-12 明缝

6.3 深圳地铁7号线皇岗口岸站

深圳地铁7号线途径南山区、福田区、罗湖区，其中皇岗口岸站是位于福田区的地下岛式站点。

在结构方面，皇岗口岸站主体为矩形箱体结构，由清水混凝土侧墙和梁柱体系构成支撑的框架剪力墙结构，地铁站建筑中规整的柱网布置，使空间更加富有理性的秩序特征。该站点结合周围用地环境因素，通过合理的结构设计，在转换空间布置两处天井，让自然光线照射进站点内部，增加空间导向性。

在细部构造上，皇岗口岸站中侧墙和柱子表露出清水混凝土施工要求严谨的特点，并在施工结束后预留建造痕迹，进行真实表达，在转换空间侧墙清晰展现建造过程的螺栓孔、明缝和禅缝等施工痕迹，站台空间和转换空间柱子全部留有模板预制过程中附加的明缝条，并在转换空间的柱子为减少碰撞磨损做抹角处理。

在材料组合上，皇岗口岸站中的转换空间设置两处采光天井，太阳光线透

图 6-13 地铁站外部电梯口

图 6-14 地铁站内部电梯口

图 6-15 地铁站中庭绳索

图 6-16 侧看地铁站中庭

图 6-17 菱形框架天花板

过玻璃照射到素净的混凝土表面形成交织的光影,增加空间的静谧感。在采光天井处利用 5 种颜色的金属线编织成一条巨大的绳索,给人一种强烈的视觉冲击力。同时自然光线的引入,也让转换空间白天更加具有指向性,方便乘客辨别前进方向。该站点站台空间的设备管线下侧采用模仿木材的金属铝板构成菱形接,暖色调的仿木铝板与冷色调质朴的清水混凝土产生强烈色彩的对比,并结合灯光设计,让站内空间更加明亮,丰富空间氛围(图 6-13 ~ 图 6-17)。

6.4 深圳地铁 11 号线南山站

深圳地铁 11 号线途经福田区、南山区和宝安区，贯穿大空港地区、城市商务区，大致呈"L"形走向，其南山站为地下岛式车站。

在结构方面南山站采用框架－剪力墙结构，为满足使用乘客对建筑空间大小的需求，转换空间为四跨，布置三排柱网，站台空间为三跨，布置两排柱网，规整的梁柱体系展现清水混凝土的力度特征。为减小柱子的截面积，并增加空间视觉通畅，该站点中选择直径为 1.2m 的圆形截面的柱子形式，材料为灰度较浅的清水混凝土材料。

在材料混合上，南山站地铁站建筑中柱子底部全部用金属包裹，因清水混凝土具有难修复的特性，避免了日常磨损和碰撞对清水混凝土柱子的损坏，同时由于金属材料的明亮感和清水混凝土的沉重感产生了较为强烈的对比，使得清水混凝土柱子打破了原有单一的形象，增加了层次感（图 6-18、图 6-19）。

在细部处理上，南山站中最大的特色就是对清水混凝土柱子在设计阶段进行了各专业的协同设计，并绘制图纸大样和工程交底，在清水混凝土浇筑前进行各类管线预埋和设备安装预留，并在浇筑过程中严格控制，避免预埋管线移位和变形，为最终成型的地铁站建筑空间中减少各类关系的布设，影响空间的整体感（图 6-20～图 6-22）。

图 6-18 地铁站室内

(a)

(b)

(c)

图 6-19 地铁站站厅层

图 6-20 地铁站站台层

图 6-21 混凝土柱

图 6-22 地铁站装饰

6.5 匈牙利布达佩斯 4 号线弗瓦姆广场地铁站

匈牙利布达佩斯 4 号线弗瓦姆广场地铁站位于多瑙河岸下面，站台距离地面 36m，是集有轨电车、公共汽车、轮船、小汽车和地铁于一体的综合性换乘点。

地铁站由一个盒子空间和隧道组成，采用了明挖回填技术，盒子的结构采用的是 4 层混凝土梁柱支撑起来的空间网架结构，犹如骨骼系统，横纵方向的混凝土梁的交接看似毫无秩序，实则是严格按照受力特征利用计算机模拟计算而来的，既可以均匀承受上层荷载，也对立面结构有支撑作用，打破了对梁板结构具有严格秩序的传统认识，营造出结构体系无序化的特点，创造了独特的混凝土结构形式（图 6-23 ~图 6-27）。

图 6-23 弗瓦姆广场地铁站入口

图 6-24 弗瓦姆广场地铁站入口扶梯

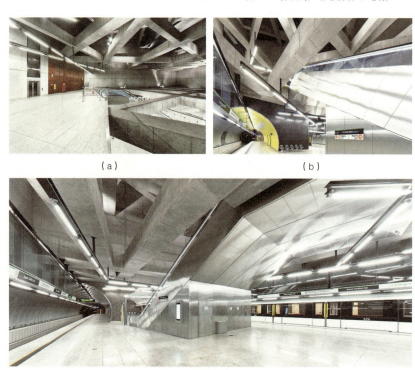

(a)

(b)

(c)

图 6-25 弗瓦姆广场地铁站站台

图 6-26 地铁站混凝土梁

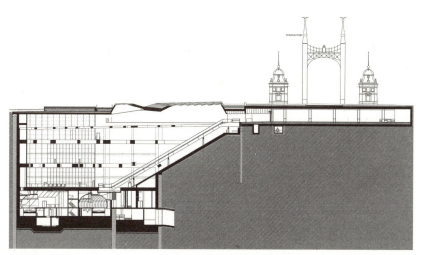

图 6-27 地铁站剖面图

6.6 加拿大多伦多 1 号线先锋村站

加拿大多伦多 1 号线先锋村站位于约克区的边界上，地处斯蒂尔斯西大道与西北门的交叉路口，占据了约克大学校园的一角。

先锋村站是经过了精心设计的混凝土结构建筑，并且将混凝土经过了高抛光处理。沿平台长度排列的柱子呈卵圆形并带有角度，增强了室内空间的导向性。顶棚和外墙和都采用了耐候钢制作，屋顶采用了大型悬臂式结构，其表面还种植着草地。

先锋村车站项目多处引用了环保概念：TTC 巴士总站和变电站建筑的屋顶是绿色屋顶；增加日光水平以减少电照明用电；LED 作为电缆塔标志照明，节能照明用于照明寻路标牌以降低功耗；拥有高效水管设备和节能空调系统；避免雨水直接流入到市政排水系统，而将其引入绿色屋顶绿化和软美化区域等其他建筑径流区；有自行车短期停车位及乡土植物与耐旱植物的造景；选用明亮且对鸟类友好的多孔玻璃（图 6-28 ~ 图 6-32）。

图 6-28 地铁站鸟瞰图

图 6-29 地铁站入口外部　　　　　　　图 6-30 地铁站入口内部走廊

（a）　　　　　　　　　　（b）　　　　　　　　　　（c）

图 6-31 地铁站站厅

（a）　　　　　　　　　　（b）　　　　　　　　　　（c）

图 6-32 地铁站站台

6.7 挪威奥斯陆 4 号线洛伦地铁站

挪威奥斯陆地铁 4 号线洛伦站周边原为工业区和军营，现规划将其打造成全新的居住社区。

地铁站的主门厅是由混凝土包裹的设备部分和钢材与玻璃结成的公共部分组成的，位于天花板的巨大钢梁代替了承重柱，使得整个空间显得格外开放，并且开设大量天窗来调节白天光线的变化。三条不同的自动扶梯将相互连接的通道穿插起来，使得通往站台的道路空间连续而多变。车站大厅的隧道与月台相结合,形成了自然的拱顶形状。

设计师将技术部件大量地暴露在外,并没有刻意去掩盖,这种处理方式为整个车站营造了一股充满活力的工艺气息,使整个空间像一个在钢筋混凝土中运转的巨型机器,让人们能够在整个地铁系统里不停地穿梭。富有工业美感的金属管道和一体化的现浇混凝土混合,是简与繁的搭配,也是混凝土沉重感与金属灵活轻盈感的碰撞(图 6-33 ~ 图 6-37)。

图 6-33 洛伦地铁站入口

图 6-34 洛伦地铁站入口扶梯

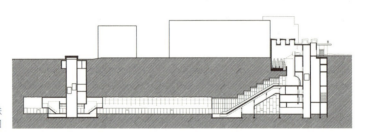

图 6-35 地铁站剖面示意图

(a)

(b)

图 6-36 地铁站通道

(a) (b)

(c) (d)

图 6-37 洛伦地铁站站台

6.8 英国伦敦银禧延长线金丝雀地铁站

英国金丝雀码头地铁站选址在泰晤士河西印度码头，从修建伊始便定位为整条线路的展示样板，由英国著名建筑师福斯特设计，沿袭了之前西班牙毕尔巴鄂地铁的设计风格。

在地面上，车站的屋顶被布置成园景公园，创造了金丝雀码头的主要休闲空间。唯一可见的站台元素是弧形玻璃雨棚，将日光引入大厅的深处。通过将自然光集中在这些点上，以增强方向，最大限度地减少对定向标志的需求。

由于车站交通量大，设计的指导原则是耐用性和易于维护，所以采用了光洁的混凝土、不锈钢和玻璃，这种坚固的美感在混凝土隧道墙裸露的平台层最为明显。

混凝土柱和屋顶结构是现场浇铸的，地板采用的是预制混凝土。椭圆形的钢筋混凝土柱从平台高度延伸到屋顶，在可以触摸的地方，这些柱子都覆盖有不锈钢，以防止破坏和损坏。所有其他表面均为不锈钢、铝或玻璃（图6-38～图6-41）。

与简单的材料相反，该车站引入了许多复杂的安全性和技术创新：玻璃升降机提高了乘客的舒适度并阻止了人为破坏；平台边缘的玻璃幕与火车的车门相对开，因此无法进入铁轨。维修通道也得到了加强，可以通过维护通道进行访问，从而可以从后台完全维护该站。

图6-38 地铁站入口扶梯

图6-39 地铁站站厅

(a) (b)

图 6-40 地铁站站台

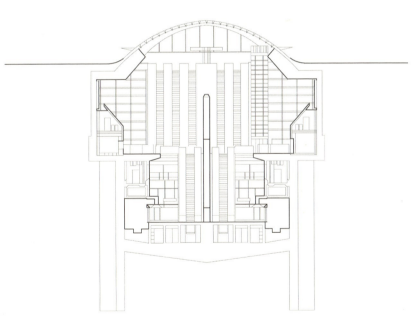

图 6-41 地铁站剖面

参考文献
References

图书专著

[1] 肯尼斯·鲍威尔. 伦敦地铁：银禧延长线 [M]. 吴晨，译. 北京：中国建筑工业出版社, 2008.

[2] 郭晓阳, 王占生. 地铁车站空间环境设计 [M]. 北京：中国水利水电出版社, 2014.

[3] 凯瑟琳·克罗夫特. 混凝土建筑 [M]. 王东亮，等译. 大连：大连理工大学出版社, 2006.

[4] 凤凰空间·华南编辑部. 城市地下空间 [M]. 南京：江苏凤凰科学技术出版社, 2018.

[5] 杨冰. 地铁建筑室内设计 [M]. 北京：中国建筑工业出版社, 2006.

[6] 章莉莉. 地铁空间设计 [M]. 北京：中国建筑工业出版社, 2017.

[7] 冯乃谦, 笠井芳夫, 顾晴霞. 清水混凝土 [M]. 北京：机械工业出版社, 2011.

[8] 朱悦明, 佘才高, 杨秀仁. 地铁工程设计创新与实践：南京地铁工程设计总结 [M]. 北京：中国铁道出版社, 2013.

[9] 安东尼奥·埃斯珀斯托. 安藤忠雄 [M]. 冀媛，译. 大连：大连理工大学出版社, 2008.

[10] 大师系列丛书编辑部. 安藤忠雄的作品与思想 [M]. 北京：中国电力出版社, 2005.

[11] 赵玉青, 邢振贤. 生态混凝土护坡技术与应用 [M]. 北京：中国水利水电出版社, 2016.

[12] 吉迪恩·S·格兰尼, 尾岛俊雄. 城市地下空间设计 [M]. 许方，于海漪，译. 北京：中国建筑工业出版社, 2005.

[13] 申玉生. 地铁文化与艺术 [M]. 北京：中国铁道出版社, 2015.

[14] 维特鲁威.建筑十书[M].南京:江苏凤凰科学技术出版社,2019.

[15] 金德·巴尔考斯卡斯.混凝土构造手册[M].大连:大连理工大学出版社,2006.

[16] 迪米切斯·考斯特.建筑设计师材料语言:混凝土[M].北京:电子工业出版社,2012.

[17] 肯尼思·弗兰普顿,建构文化研究:论世纪和世纪建筑中的建造诗学[M].王骏阳,译.北京:中国建筑工业出版社,2010.

[18] 卡拉特拉瓦.卡拉特拉瓦建筑作品集[M].科隆塔申有限公司出版社,2016.

[19] 戴志中,陈宏达,顾红男.混凝土与建筑[M].济南:山东科学技术出版社,2006.

[20] 莫尚勤.品味安藤忠雄[M].武汉:华中科技大学出版社,2007.

[21] 宁波出版社.《建筑与都市》混凝土建筑专辑[M].宁波:宁波出版社,2006.

[22] 束昱.城市地下空间环境艺术设计[M].上海:同济大学出版社,2015.

[23] 陈岩.地铁站情景空间塑造[M].北京:中国建筑工业出版社,2019.

[24] 李兆友,王健.地铁与城市[M].沈阳:东北大学出版社,2009.

[25] 伊莎贝拉·彭蒂.清水混凝土的100种表情[M].台湾:原点出版Uni-Books,2018.

[26] 布莱恩·布朗奈尔.建筑设计的材料策略[M].南京:江苏凤凰科学技术出版社,2019.

[27] 吴焕加.论现代西方建筑[M].北京:中国建筑工业出版社,1997.

[28] 肯尼斯·弗兰姆普顿.现代建筑:一部批判的历史[M].张钦楠,

译. 北京：生活・读书・新知三联书店,2012.

[29] 扬・盖尔. 交往与空间 [M]. 何人可, 译. 北京：中国建筑工业出版社,2002.

[30] 黛安・吉拉尔多, 现代主义之后的西方建筑 [M]. 青锋, 译. 北京：清华大学出版社,2012.

[31] 伯纳德・鲁尔道夫斯基. 没有建筑师的建筑（第七版）[M]. 高军, 译. 天津：天津大学出版社,2011.

[32] 王英学. 地铁文化与艺术 [M]. 中国：中国铁道出版社,2018.

期刊文章

[1] 赵鹏飞, 张同杰, 郭建民, 任爽爽. 绿色技术在地铁站建筑中的应用策略 [J]. 建筑节能,2020,48(11):75-79,146.

[2] 赵鹏飞, 任爽爽, 张同杰. 清水混凝土在地铁交通建筑空间设计中的应用研究 [J]. 建筑技术,2020(1):4-6.

[3] 胡建国, 冯杰, 陈宏. 论清水混凝土在地铁车站工程中的应用 [J]. 四川水泥,2019(1):12-14.

[4] 张蒙. 清水混凝土在青岛地铁地下车站中的应用及研究 [J]. 铁道标准设计,2018,62(12):154-158.

[5] 黄辉. 清水混凝土在地铁高架桥工程中的应用 [J]. 建筑技术,2006(5):350-352.

[6] 王玉鹏, 赵荣明. 清水混凝土在地铁工程中的应用 [J]. 商品混凝土,2010(1):49-51.

[7] 覃娟, 罗慨, 陈意. 地铁车站地下侧墙清水混凝土施工技术 [J]. 施工技术,2017,46(7):116-119.

[8] 吴小光,李太文.清水混凝土在城市轨道交通高架车站的应用研究[J].城市轨道交通研究,2006(12):92-93.

[9] 张建雄,缪昌文,刘加平等.清水混凝土外观质量评价方法的研究[J].混凝土,2008(1):95-97,100.

[10] 胡宝云,管婧超.自修复混凝土的国内研究现状与发展趋势[J].广东化工,2018,45(8):170-171.

[11] 钱春香,李瑞阳等.混凝土裂缝的微生物自修复效果[J].东南大学学报(自然科学版),2013,43(2):360-364.

[12] 保淑.意大利馆:人本之城[J].创意前线,2010(4):8-11.

[13] 汪丽君,杨桂元.基于地域性反思的实践:墨西哥当代建筑中的清水混凝土表现[J].建筑师,2010(5):18-23.

[14] 杨毅,戴向东,黄艳丽,张岩红.清水混凝土装饰元素在室内设计中的应用研究[J].中南林业科技大学学报,2012,32(3):192-197.

[15] 宋永涛.浮石混凝土热物理性能[J].建筑材料学报,2008,11(4):55-59.

[16] 孙红萍,袁迎曙,蒋建华等.表层混凝土导热系数规律的试验研究[J].混凝土,2009(5):59-61.

[17] 刘文燕,耿耀明.混凝土表面太阳辐射吸收率试验研究[J].混凝土与水泥制品,2004(4):8-11.

[18] 钟慧云.探析勒·柯布西耶在朗香教堂中对光影的处理[J].美与时代(城市版),2019(7):22-23.

[19] 汪丽君,杨桂元."诗意"的建造:混凝土的表现之美[J].新建筑,2012(5):98-101.

[20] 米切尔·席沃扎,王凯.解析建筑学[J].时代建筑,

2011(4):140-141.

[21] 宋丽娜. 基于知觉体验中的清水混凝土建筑解析 [J]. 华中建筑 ,2016(12):34-36.

[22] 周凌. 空间之觉：一种建筑现象学 [J]. 建筑师 ,2003(10):49-57.

[23] 沈中伟. 地下空间中的建筑学 [J]. 时代建筑 ,2019(5):20-23.

[24] 宋佳宁, 郭树起, 朱同然. 参数化设计在异形曲面清水混凝土建筑中的应用 [J]. 建筑施工 ,2019(9):1734-1737.

[25] 谈昭夷, 吴玲, 白旭. "静谧与光明"：清水混凝土建筑的艺术性表达 [J]. 理论研究 ,2019(3):79-80.

[26] 程世卓. 英国建筑技术美学现代性的谱系研究 [J]. 新建筑 ,2019(6):130-135.

[27] 谭远龙. 浅谈清水混凝土在深圳地铁 11 号线高架桥墩柱中的应用 [J]. 材料研究与应用 ,2017(7):18-19.

[28] 宋戈, 苏珊. 隐藏、呈现、消解：建筑立面与结构的建构关系分析 [J]. 华中建筑 ,2020(6):21-25.

[29] 罗玲玲, 吴向阳, 程皖宁. 深圳地铁车站空间高度最优设计研究 [J]. 地下空间与工程学报 ,2011(3):413-417.

[30] 贾博麟. 深圳地铁：黄冈口岸站 [J]. 检察风云 ,2019 (19):81.

[31] 钟文京, 张立, 张毫毫等. 地铁车站立柱混凝土可视化快速浇筑技术 [J]. 西部探矿工程 ,2020,32(6):193-195,198.

学位论文

[1] 刘海宝. 地铁车站用清水混凝土关键技术研究 [D]. 青岛：青岛理工大学 ,2017.

[2] 陈晓芳.高性能饰面清水混凝土及其施工技术的研究[D].广州：华南理工大学,2011.

[3] 陈洪毅.清水混凝土桥梁工程外观质量控制的研究[D].广州：华南理工大学,2011.

[4] 陈岩.地铁站情景空间建构策略研究[D].大连：大连理工大学,2016.

[5] 顾婷婷.清水混凝土高层办公建筑立面设计初探：以和建大厦立面改造项目为例[D].南京：东南大学,2017.

[6] 吴晋华.人性化理念在地铁空间环境设计中的应用研究[D].沈阳：沈阳建筑大学,2018.

[7] 黄寅.混凝土建筑的建构表现[D].南京：东南大学,2011.

[8] 方怡.混凝土作为材料语言在当代建筑中的表达研究[D].杭州：浙江大学,2015.

[9] 孙圆.地铁站内部空间设计中的地域性装饰研究[D].西安：西安建筑科技大学,2015.

[10] 郭英芳.地铁出入口空间设计研究[D].天津：天津大学,2018.

[11] 祖梦倩.当代地铁站建筑空间形态设计研究[D].大连：大连理工大学,2012.

[12] 宋妮欣.城市地铁出入口建筑的地域性风貌设计研究[D].西安：西安建筑科技大学,2016.

[13] 齐一玮.建构视野下的建筑细部研究[D].沈阳：沈阳建筑大学,2018.

[14] 杨桂元.混凝土材料在当代建筑设计中的建构逻辑和艺术表现[D].天津：天津大学,2010.

[15] 赵晓彤.城市地铁站内空间地域文化元素适度性设计研究[D].西安:西安建筑科技大学,2016.

[16] 张斌.地铁站房空间中光环境艺术表现手法研究[D].西安:西安建筑科技大学,2012.

[17] 曾冀行.基于同构理论的金属表皮建构逻辑研究[D].长沙:湖南大学,2016.

[18] 高原.建构视野下的建筑细部设计研究[D].大连:大连理工大学,2010.

[19] 郑小东.建构语境下当代中国建筑中传统材料的使用策略研究[D].北京:清华大学,2012.

[20] 潘望.基于建筑适应性的参数化设计方法研究[D].广州:华南理工大学,2012.

[21] 杨英.从材料和结构的角度探索建构的表现力[D].天津:天津大学,2009.

致谢
Acknowledgement

目前我国已成为世界上地铁运营里程最长、开通城市最多、建设速度最快的国家，同时国内外工程师近年来也在不断的研究新型混凝土，提高其各项性能。深入研究新型混凝土材料在地铁站建筑内的应用，对于建设地铁站建筑，弥补当前地铁站建筑空间环境营造上的不足，具有十分重要的理论和现实意义。

本书以实地调查为基础，结合文献资料，针对混凝土在地铁建筑中的建构逻辑、施工工艺和形态表现进行综合研究，取得了阶段性的研究成果。

本书在撰写过程中，得到了中国建筑工业出版社领导和编辑的大力支持；山东建筑大学建筑城规学院硕士研究生赵晓迪、王立祥、宋文静参与了部分书稿编写和资料整理工作；本书由山东建筑大学、济南轨道交通集团以及中铁四局集团第四工程有限公司资助出版。在此致以衷心的感谢！

图书在版编目（CIP）数据

清水混凝土与地铁站建筑 = Architectural Concrete and Subway Station Building / 赵鹏飞等著. —北京：中国建筑工业出版社，2022.6
（山东建筑大学建筑城规学院青年教师论丛）
ISBN 978-7-112-27445-1

Ⅰ.①清… Ⅱ.①赵… Ⅲ.①地下铁道车站—混凝土施工 Ⅳ.① U231.4

中国版本图书馆CIP数据核字（2022）第094883号

责任编辑：万　李　毋婷娴
责任校对：张惠雯

本书以清水混凝土作为地铁站建筑设计的切入点，从建筑学、材料学等多角度出发进行综合探索，通过对混凝土材料在地铁站建筑中的深层次研究，梳理其建造逻辑和形态表达，总结其设计策略，使地铁站建筑在满足使用价值的基础上具有文化价值和审美价值。

本书共6章，分别是混凝土的性能与应用、地铁站建筑的空间环境、混凝土在地铁站建筑中的建构逻辑、混凝土在地铁建筑中的施工工艺、混凝土在地铁建筑中的形态表现、混凝土在地铁站中的应用实例。本书适用于建筑设计师和地铁工程师参考使用。

山东建筑大学建筑城规学院青年教师论丛
清水混凝土与地铁站建筑
Architectural Concrete and Subway Station Building
赵鹏飞　张同杰　郭建民　任爽爽　著

*

中国建筑工业出版社出版、发行（北京海淀三里河路9号）
各地新华书店、建筑书店经销
北京海视强森文化传媒有限公司制版
临西县阅读时光印刷有限公司印刷

*

开本：787毫米×960毫米　1/16　印张：11½　字数：193千字
2022年7月第一版　2022年7月第一次印刷
定价：**99.00**元
ISBN 978-7-112-27445-1
　　　　（39490）

版权所有　翻印必究
如有印装质量问题，可寄本社图书出版中心退换
（邮政编码100037）